W0241360

SCHNITTBLUMEN-ARRANGEMENTS

SCHNITTBLUMEN-ARRANGEMENTS

Gestalten mit Formen, Farben und Düften

JENNY RAWORTH
& SUSAN BERRY

Fotos von MIKE NEWTON

BLV

Meiner Mutter gewidmet (JR)

Die Deutsche Bibliothek – CIP-Einheitsaufnahme

Schnittblumen-Arrangements : Gestalten mit Formen, Farben und Düften / Jenny Raworth und Susan Berry. Fotos von Mike Newton. [Übers. aus dem Engl.: Franca Fritz/Heinrich Koop]. – München ; Wien ; Zürich : BLV, 1997
Einheitssacht.: Flower Arranging <dt.>
ISBN 3-405-15064-7
NE: Raworth, Jenny; Newton, Mike; Fritz, Franca [Übers.]; EST

BLV Verlagsgesellschaft mbH
München Wien Zürich
80797 München

Titel der englischen Originalausgabe:
FLOWER ARRANGING
© 1996 Collins & Brown Limited
Text © 1996 Jenny Raworth und Susan Berry

Deutschsprachige Ausgabe:
© 1997 BLV Verlagsgesellschaft mbH, München

Das Werk einschließlich aller seiner Teile ist urheberrechtlich geschützt. Jede Verwertung außerhalb der engen Grenzen des Urheberrechtsgesetzes ist ohne Zustimmung des Verlages unzulässig und strafbar. Das gilt insbesondere für Vervielfältigungen, Übersetzungen, Mikroverfilmungen und die Einspeicherung und Verarbeitung in elektronischen Systemen.

Übersetzung aus dem Englischen: Franca Fritz/Heinrich Koop
Lektorat: Dr. Thomas Hagen
Herstellung: Sylvia Hoffmann
Satz: Setzerei Max Vornehm GmbH
Einbandgestaltung: Sander & Krause, München
Einbandfotos: Mike Newton

Printed in Italy · ISBN 3-405-15064-7

Inhalt

Einleitung

Jede Jahreszeit bietet dem Blumenfreund eine wunderbare Vielfalt an Blumen und Blättern – von den ersten winzigen Schneeglöckchen des Winters bis hin zu den goldenen Blättern und leuchtend roten Beeren im Herbst. Ob Sie die Blumen für Ihre Arrangements frisch aus dem eigenen Garten pflücken oder sie beim Floristen kaufen: Das nahezu unendliche Farbspektrum der Pflanzen macht ein Arrangement aus Schnittblumen in jeder Umgebung zum Blickfang – und zu einer Freude für das Auge des Betrachters.

Noch vor kurzer Zeit schien die formale Kunst des Blumenarrangements von festen Regeln der Formen- und Farbgestaltung diktiert zu werden, die zu einem Großteil der japanischen Auffassung von Blumendesign entstammten. Diese Regeln legten besonderen Wert auf die Schlichtheit der Gestaltung, so daß vor allem streng formale Kreationen mit einer einzelnen, gekonnt arrangierten Blume den Beifall der Kritiker fanden. Allerdings verstanden die Arrangeure die Grundprinzipien der Gestaltung nicht immer richtig, und so entstanden häufig steife und verzerrte Kombinationen von Materialien und Farben, die kaum mehr die natürlichen Formen der Pflanzen betonten.

In den letzten Jahren sind viele Floristen in ihren Arrangements zu einem wesentlich natürlicheren Stil übergegangen, der der individuellen Wuchsform der Pflanzen im Garten nahezukommen versucht. Dieser neue Ansatz – das Erkennen und Betonen der natürlichen Eigenschaften einer Pflanze – liegt auch dem vorliegenden Buch zugrunde. Konzentrieren Sie sich auf die wichtigsten Merkmale der Pflanzen, die Sie in Ihren Arrangements verwenden: Form (die skulpturale Eleganz einer Lilie), Farbe (die aufsehenerregende Schönheit einer dunkelroten Rose), Struktur (die dornigen Zweige des Hartriegel) und Duft (das berauschende Aroma von Flieder). Wenn Sie diese Eigenschaften erst einmal zu nutzen verstehen, werden Sie schnell feststellen, daß die Gestaltung eines Blumenarrangements dadurch sehr viel einfacher und leichter von der Hand geht.

Wie bei jeder Art von kreativer Beschäftigung kann auch hier der Effekt eintreten, daß Sie sich zu sehr auf die technischen Aspekte konzentrieren und dabei Ihr eigentliches Ziel aus den Augen verlieren. Der Schlüssel für ein gelungenes Blumenarrangement liegt weniger in der reinen Zusammenstellung des vorhandenen Pflanzenmaterials als vielmehr im Verständnis für die Eigenschaften der Pflanzen, mit denen Sie arbeiten, und dem Wissen darum, wie verschiedene Elemente zu einem gelungenen Gesamtentwurf kombiniert werden können. Wenn Sie die in diesem Buch erläuterten Grundregeln beherrschen, wird es Ihnen zusehends leichter fallen,

RECHTS: *Zusätzliche Lisianthus* (Eustoma grandiflorum)*-Blüten verleihen dem zuvor aus Wiesenkerbel und Lilien bestehenden Gesteck eine größere Vielfalt an Strukturen und Formen, ohne das bisherige Farbschema zu durchbrechen. Dadurch gewinnt das Arrangement an Tiefe und Kontrast, während seine Konturen erhalten bleiben.*

OBEN: *Dieses schlichte Arrangement besteht nur aus einer Blumenart (Wiesenkerbel). Das Blattwerk legt sich wie ein Kranz um den Rand des Kruges, während die Blüten der Mitte kaskadenförmig nach außen streben.*

OBEN: *Wenn man eine weitere Blume hinzufügt – hier sind es große, wächserne, weiße Lilien – erhält das Arrangement über seine schlichte Form hinaus eine elegantere Note.*

eine befriedigende und harmonische Balance in Ihren Arrangements zu erreichen.

Manchmal bildet eine bestimmte Blume den Ausgangspunkt für ein Arrangement, so daß man sich auf die Suche nach einem geeigneten Gefäß begeben muß. In anderen Fällen findet man den richtigen Behälter zuerst und sucht sich erst danach die passenden Blumen und Blätter zusammen. Vielfach ist der Ausgangspunkt aber auch ein bestimmter Standort, für den man einen Strauß oder ein Gesteck entwerfen möchte – wie etwa das Schränkchen in der Diele oder der Wohnzimmertisch.

Was immer Ihr Ausgangspunkt auch sein mag – wichtig ist, daß die einzelnen Elemente gut aufeinander abgestimmt sind. Daher sollten Sie auf die Strukturen Ihrer Blumen und Gefäße ebenso achten wie auf deren Formen und Farben. In den folgenden Kapiteln werden Sie einige wichtige Grundregeln kennenlernen, die Ihnen die Entscheidung erleichtern.

Über dieses Buch

Schnittblumen-Arrangements ist wie ein Einführungskurs in die Grundprinzipien der Gestaltung von Blumenarrangements aufgebaut. Nach einem Überblick über einfache Arbeitstechniken, wie dem Aufbau einer soliden Steckunterlage für Ihre Gestecke und der Vorbereitung bzw. Haltbarmachung von Schnittblumen, analysiert *Schnittblumen-Arrangements* die Bedeutung der einzelnen Elemente eines Arrangements – Blumen, Blätter, Gefäße usw. Danach folgen detaillierte Erläuterungen zu den ästhetischen Aspekten eines Blumenarrangements – Form, Farbe, Struktur und Duft. Am Ende der einzelnen Kapitel werden eine Reihe von Beispielen vorgestellt, die auf den zuvor beschriebenen Prinzipien beruhen, damit Sie Ihre neu gewonnenen theoretischen Erkenntnisse in die Praxis umsetzen können. Viele Beispiele enthalten Alternativvorschläge, nach denen sich – passend zur Jahreszeit – mit anderen Farben oder Pflanzen ähnliche Sträuße bzw. Gestecke anfertigen lassen.

Schnittblumen-Arrangements will Ihnen keine neuen, unumstößlichen Regeln vorsetzen, sondern Sie dazu ermutigen, das Ihnen zur Verfügung stehende Pflanzenmaterial so effektiv und kreativ wie möglich zu nutzen. Wir haben darauf verzichtet, den Beispielen eine exakte Liste der verwendeten Pflanzen hinzuzufügen, weil es unwichtig ist, ob Sie genau die gleiche Rosen- oder Lavendelsorte verwenden – und vielleicht sind diese Pflanzen bei Ihrem Floristen oder in Ihrem Garten auch gar nicht vorhanden. Sobald Sie die Grundprinzipien verstanden haben, werden Sie über genügend Selbstvertrauen verfügen, bestimmte Blumen durch andere in einer ähnlichen Farbe, Form oder Struktur zu ersetzen. Schnittblumen sind ein vergängliches Vergnügen. Aber wenn es Ihnen gelingt, jede Woche ein neues Arrangement zu gestalten – selbst wenn es nur ein winziger Veilchenstrauß in einer kleinen Blumenvase ist –, holen Sie sich damit das ganze Jahr über Freude und Schönheit ins Haus.

RECHTS: *Dieses große winterliche Arrangement eignet sich hervorragend für einen Kamin oder ein Podest. Durch die Verwendung von immergrünem Laub und Herbstbeeren ergeben sich reizvolle strukturelle Kontraste. Achten Sie darauf, wie die Form des Arrangements von den gedrehten Zweigen bestimmt wird: Sie legen die Gesamtkontur fest und verleihen dem Gesteck ein asymmetrisches Äußeres, das völlig natürlich wirkt.*

Die Fülle des erhältlichen Pflanzenmaterials, das dem Blumenfreund im Laufe des Jahres zur Verfügung steht, ist glücklicherweise sehr groß. Floristen und Gartencenter sind heute in der Lage, das ganze Jahr über Blumen in bemerkenswerter Vielfalt anzubieten. Indem Sie Blumen und Blätter im eigenen Garten anbauen, können Sie jedoch die Kosten deutlich reduzieren. Im folgenden finden Sie – nach Jahreszeiten geordnet – eine Auswahl von Blumen und Pflanzen, die sich besonders gut für die Aufzucht im eigenen Garten eignen. Sofern nicht anders vermerkt, sind vor allem die Blüten der jeweiligen Pflanze für ein Blumenarrangement interessant. Die mit * gekennzeichneten Pflanzen sind nicht oder nur bedingt winterhart und werden am besten im Kübel gehalten.

Winter
Mahonie (*Mahonia*) – Blätter und Beeren
Stechpalme (*Ilex*) – Blätter und Beeren
Efeu (*Hedera*) – Blätter
Greiskraut (*Senecio greyi, S. laxifolius*)* – Blätter
Zimmeraralie (*Fatsia japonica*)* – Blätter und Beeren
Schneeglöckchen (*Galanthus nivalis*)
Nieswurz (*Helleborus*)
Schneeball (*Viburnum*) – Blätter und Beeren
Hartriegel (*Cornus*) – Stiele
Birken (*Betula*) – Zweige

Frühling
Traubenhyazinthe (*Muscari*)
Narzisse (*Narcissus*)
Tulpe (*Tulipa*)
Schwertlilie (*Iris*)
Freesie (*Freesia*)*
Hahnenfuß bzw. Ranunkel (*Ranunculus*)
Primel (*Primula*)
Stiefmütterchen (*Viola*)
Flieder (*Syringa*)
Eukalyptus (*Eucalyptus*)* – Blattwerk

Sommer
Rittersporn (*Delphinium*)
Levkoje (*Matthiola*)
Rose (*Rosa*)
Pfingstrose (*Paeonia*)
Lilie (*Lilium*)
Kornblume (*Centaurea*)
Ringelblume (*Calendula*)
Funkie (*Hosta*) – Blätter
Waldrebe (*Clematis*)
Gartenwicke (*Lathyrus odoratus*)
Wolfsmilch (*Euphorbia*) – Blüten und Blätter
Lavendel (*Lavandula*)
Dill (*Anethum graveolens*) – Blattwerk
Nelke (*Dianthus*)

Herbst
Chrysantheme (*Chrysanthemum*)
Schafgarbe (*Achillea*)
Spierstrauch (*Spiraea*) – Blattwerk
Silberblatt (*Lunaria*) – Samenstände
Feuerdorn (*Pyracantha*) – Beeren und Blätter
Nerine (*Nerine bowdenii*)*
Gladiole (*Gladiolus*)
Aster (*Aster*)

RECHTS: *Dieses elegante, fächerförmige Arrangement besteht aus sorgfältig zusammengestellten, kontrastierenden Strukturen und Formen. Die begrenzte Farbpalette – hauptsächlich Weiß, Grün und Gold – dient dazu, das Gesteck optisch harmonischer zu gestalten. Darüber hinaus spielt das Blattwerk für den Gesamteindruck des Arrangements eine ebenso große Rolle wie die Blumen.*

Grundlagen

Dieses Kapitel beschäftigt sich mit der Auswahl und Vorbereitung des Pflanzenmaterials sowie mit der Verlängerung der Haltbarkeit Ihres Arrangements. Außerdem finden Sie darin praktische Informationen zu den Werkzeugen und Materialien, die Sie zur Gestaltung Ihrer Sträuße und Gestecke benötigen, Ratschläge zur Auswahl und Herstellung von Gefäßen sowie Anleitungen zur Anfertigung von Steckunterlagen für Ihre Kreationen. Abschließend werden einige Expertentips vorgestellt, mit deren Hilfe Sie Ihren Arrangements den letzten, professionellen Schliff verleihen können.

Werkzeuge und Materialien

Einige Werkzeuge und Materialien sind für die Anfertigung eines Arrangements unentbehrlich: Eine gute Floristenschere, ein scharfes Küchenmesser, Steckhilfen, auf dem Blumen und Laub befestigt werden, sowie verschiedene Arten von Schnüren, Drähten und Floristenklebeband, mit denen das Arrangement in Form gehalten wird. Zur Dekoration des fertigen Gestecks eignen sich Bänder in verschiedenen Farben und Breiten sowie Bast.

Der einfacheren Handhabung zuliebe sollten Sie Ihre gesamte »Ausrüstung« an einem Ort aufbewahren. Am besten arbeitet es sich an einer Werkbank oder auf einem Tisch, wo man die Blumen und Blätter vor Beginn des eigentlichen Arrangierens griffbereit auslegen kann. Um Ihr Pflanzenmaterial frisch zu erhalten, sollten Sie in einer relativ kühlen Umgebung arbeiten und die Blumen und Blätter ins Wasser stellen, bis Sie sie wirklich verwenden. Außerdem benötigen Sie noch einen Abfalleimer für Ihre Pflanzenabfälle.

Befestigungsmaterial

UNTEN: *Zur Fixierung der Steckhilfen in Behältern oder Gefäßen wird eine Vielzahl von Hilfsmitteln angeboten – unentbehrlich sind Drähte in verschiedenen Stärken, Nadeln, Schnüre und Klebeband.*

Schneidewerkzeuge

UNTEN: *Zum Abschneiden der Blütenstiele benötigen Sie eine Schere und ein Messer. Dabei sollten Sie weniger auf Größe und Gewicht achten, sondern sich für ein Werkzeug entscheiden, das Ihnen gut in der Hand liegt und möglichst scharf ist.*

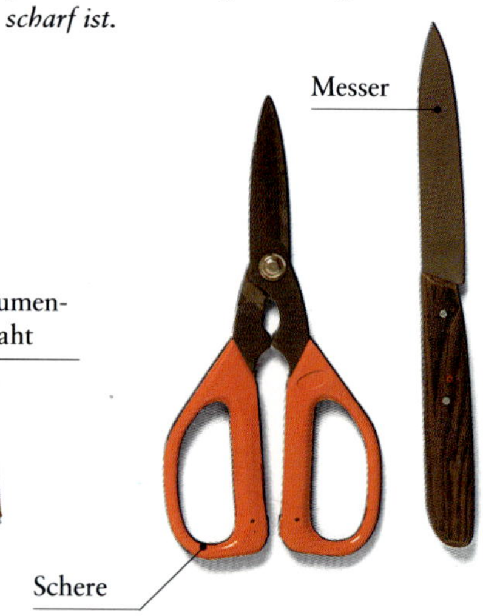

Der letzte Schliff

RECHTS: *Bänder, Bast, Seile und Schnüre lassen sich zur Dekoration von Gefäßen und zum Schmücken von Blumensträußen verwenden. Legen Sie sich einfach einen Vorrat in verschiedenen Formen und Farben an.*

Steckhilfen und Grundrahmen

UNTEN: *Für Ihre Arrangements und Gestecke benötigen Sie eine solide Unterlage, auf der die Blumen in der von Ihnen vorgesehenen Position stehen bleiben. Die Wahl der richtigen Steckhilfe hängt von den Pflanzen sowie vom Gefäß ab, das Sie verwenden wollen (siehe Seite 20–21).*

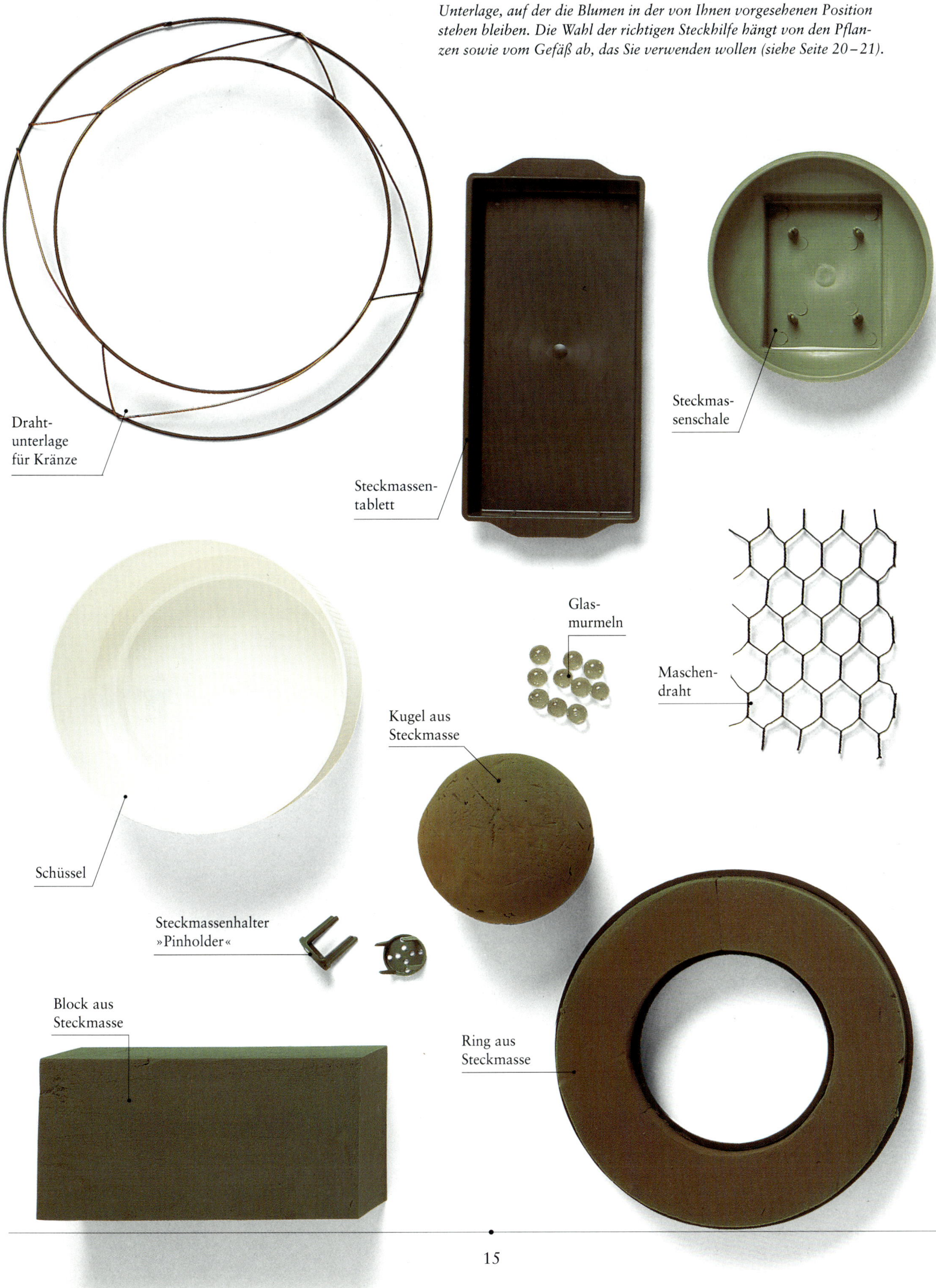

Gefäße

Sie können nahezu jede Art von Behälter als Gefäß für ein Blumenarrangement verwenden – denn letztendlich kommt es nur darauf an, daß Pflanzen und Behälter miteinander harmonieren und das Gefäß nicht die Aufmerksamkeit von den Blumen ablenkt.

Bei der Auswahl eines Gefäßes sollte man drei Aspekte im Auge behalten. Zum ersten gilt es, auf die Formen und Farben der Blumen Rücksicht zu nehmen, die man für das Arrangement verwenden will (siehe Seite 32–33); zum zweiten müssen Sie sich entscheiden, ob Sie ein formales oder zwangloses, ein repräsentatives oder schlichtes bzw. ein stilvoll-elegantes oder unverfälscht natürlich wirkendes Arrangement anfertigen wollen. Und drittens sollten Sie sich die große Auswahl an verfügbaren Materialien für die Behälter vor Augen halten – Glas, Porzellan, Steingut, Korb oder Holz – und überlegen, welches Gefäß am besten zu Ihren Blumen und dem Stil Ihres Arrangements paßt.

Bei dieser Entscheidung müssen aber nicht nur die Größe und Form des Gefäßes, sondern auch dessen Farbe und Oberflächenstruktur berücksichtigt werden. Ob glattes Glas oder Porzellan, grobes Terrakotta oder rauhe Korbwaren – sie alle benötigen unterschiedliche Pflanzen, um am besten zur Geltung zu kommen. Beispielsweise wirkt ein einfacher Emaille-Eimer mit Wildblumen besonders hübsch, während eine hohe Glasvase die glänzende Schönheit großer, prächtiger Lilien noch zusätzlich unterstreicht. In Zweifelsfällen sollten Sie sich für die schlichtere Lösung entscheiden – klare Farben ermöglichen es dem Betrachter, sich ganz auf die Schönheit der Blumen zu konzentrieren, wogegen ein kunstvoll verziertes Gefäß eher von deren Wirkung ablenkt.

Die wenigsten Menschen haben genügend Platz für eine große Sammlung von Gefäßen. Aber wenn Sie Ihre Behälter sorgfältig auswählen und dabei auf eine möglichst große Auswahl an Formen, Größen, Farben und Strukturen Wert legen, werden Sie für jeden Ort und jede Gelegenheit das passende Arrangement anfertigen können. Auf diesen beiden Seiten finden Sie eine Vielzahl unterschiedlicher Gefäße sowie einige Anregungen, welche Art von Pflanzen gut zu welchem Behälter passen könnte.

Gefäße aus Porzellan und Steingut

Unten: *Achten Sie darauf, daß die Farbe des Gefäßes gut zu der vorherrschenden Farbe Ihres Blumengestecks paßt. Die hier gezeigten Gefäße wirken alle recht robust und kommen zusammen mit einer Fülle kleiner, zarter Blütenköpfe besonders gut zur Geltung.*

Glasgefäße

LINKS: *Glas wirkt elegant, kühl und stilvoll und eignet sich daher besonders für formelle Arrangements. Eine schlichte Glasvase eignet sich besonders gut als Gefäß für einfarbige Arrangements. Da die Stiele und der Inhalt der Vase offen zu sehen sind, sollten Sie versuchen, jede Art von Steckunterlage zu verdecken. Mit Glasmurmeln oder einem Gitter aus transparentem Klebeband (siehe Seite 21) lassen sich Ihre Pflanzen unauffällig und sicher in durchsichtigen Glasgefäßen fixieren.*

Verzierte Porzellangefäße

RECHTS: *Verzierte Porzellangefäße eignen sich besonders für zarte Blüten und sanfte Pastellfarben. Durch die Form des Gefäßes wird die vorteilhafteste Gesamtform des Arrangements bereits vorgegeben (siehe Seite 38–39), wobei dessen Farben mit den Farben der Pflanzen harmonieren oder zu ihnen kontrastieren können.*

Rustikale Gefäße

UNTEN: *Körbe aus Weidenruten oder Holz verleihen einem Gesteck ein rustikales, natürliches Äußeres. Diese Gefäße sollten mit Plastikfolie ausgelegt werden, damit sie wasserdicht bleiben. Dagegen bietet ein Emaille-Eimer die perfekte Basis für ein zwangloses Arrangement aus einer Fülle kleinblütiger Blumen.*

Selbstgemachte Gefäße

Statt gekaufter Gefäße können Sie auch Ihre eigenen Blumenvasen anfertigen – aus gründlich gereinigten, leeren Plastikflaschen oder Konservendosen, die Sie einfach mit immergrünen Blättern oder Moos verkleiden. Da sowohl immergrüne Blätter als auch Moos sehr lange haltbar sind, können Sie dasselbe Gefäß für mehrere Gestecke verwenden, bevor Sie die Pflanzenverkleidung erneuern müssen.

Solche Flaschen oder Dosen lassen sich auch zum wasserdichten Auskleiden eines wasserdurchlässigen Behälters, wie etwa eines Korbes aus Weidenruten oder eines Holztroges, verwenden. Körbe und Tröge, die man am besten mit ganzen Büscheln von Blumen füllt, als hätte man sie gerade frisch im Garten gepflückt, sind zwar ideal geeignete Gefäße für natürlich und zwanglos wirkende Arrangements – aber ohne Wasser werden Ihre Blumen schnell welken und unansehnlich wirken. Ein Abdichten ist also unbedingt notwendig. Wenn Sie ein Gefäß zum Auskleiden eines anderen Behälters vorbereiten, müssen Sie die Dose oder Flasche natürlich nicht völlig mit Blättern verkleiden – ein wenig Moos oder ein »Kragen« aus Blättern um den Rand des inneren Gefäßes genügt, um das Ganze zu kaschieren.

Ein Gefäß mit Blättern verkleiden

Dieses Gefäß entstand aus einer abgeschnittenen Wasserflasche aus Kunststoff, auf die große, immergrüne Blätter aufgeklebt wurden. Eine Schleife aus grünem Bast sorgt für ein besonders rustikales Flair.

1 Ein Blatt auf die Flasche legen und auf Höhe der Blattspitze mit der Spitze eines scharfen Messers in die Flasche hineinstechen.

2 Von hier ab den oberen Teil der Flasche abschneiden; dabei darauf achten, daß ein gerader Rand entsteht.

3 Die immergrünen Blätter mit der Klebepistole so auf die Flasche kleben, daß sich der Stielansatz am Flaschenboden befindet.

4 Rund um die Flasche alle Blätter aufkleben und so plazieren, daß sie sich an den Rändern überlappen.

5 Die Stielansätze der Blätter auf gleicher Höhe mit dem Flaschenboden abschneiden. KLEINES BILD: *Ein Büschel grünen Naturbast um die Mitte des Gefäßes winden und zu einer hübschen Schleife binden.*

Blattverkleidetes Gefäß
RECHTS: *Glänzende immergrüne Blätter verwandeln die Flasche in ein elegantes Gefäß.*

Ein Gefäß mit Moos verkleiden

Bei dieser Konservendose wurde zunächst der Deckel vollständig entfernt und dann die Außenseite mit Moos aus dem Garten beklebt, bis eine Art »Moosbehälter« entstand. Das Moos wird selbst im getrockneten und verblaßten Zustand noch attraktiv wirken.

1 Die Dose muß wasserdicht sein und darf keine scharfen Ränder aufweisen. Danach das Moos so gleichmäßig wie möglich auf die Dose kleben.

2 Auf diese Weise die ganze Dose mit Moos bedecken; eventuelle Lücken mit kleinen Moosbüscheln füllen.

3 Mit einer scharfen Schere das Moos entlang des Bodens und des oberen Randes der Dose abschneiden, so daß auf jeder Seite eine gleichmäßige Kante entsteht.

4 Fünf oder sechs Stränge grünen Naturbast zu einem dicken »Seil« verdrehen. Die Windungen sollten gleichmäßig und nicht so fest sein, daß sich das »Seil« krümmt oder bricht.

5 Nun das Bast »seil« so um das Unterteil der moosbedeckten Dose winden, daß es überall gleichmäßig auf einer Höhe anliegt, und entweder zu einem sauberen Knoten oder einer Schleife binden. Zum Schluß die überstehenden Bastenden abschneiden.

Moosverkleideter Behälter

OBEN: *Dieser natürlich wirkende Behälter paßt perfekt zum zwanglosen Arrangement aus Anemonen. Die Blumen wirken fast so, als ob sie auf einem moosigen Waldboden wachsen würden.*

Steckhilfen

Bevor Sie mit der Arbeit an einem Blumenarrangement beginnen, benötigen Sie eine stabile Steckunterlage, die die Blumen in der von Ihnen gewählten Position hält. In einigen Fällen bietet schon die Vase selbst genügend Halt für die Blütenstiele – vor allem bei Vasen mit engem Hals –, aber wesentlich häufiger muß man auf eine speziell angefertigte Steckhilfe aus feuchter Steckmasse oder Maschendraht zurückgreifen.

Für welche Steckhilfe Sie sich entscheiden, hängt sowohl von den Stielen Ihres Pflanzenmaterials (lang oder kurz, steif oder weich) als auch von der Größe und Form des Gefäßes ab, das Sie verwenden wollen. Darüber hinaus kann es nötig sein, die Steckhilfe selbst zu fixieren, da sie nicht verrutschen darf, wenn Sie Ihre Blumen und Stengel hineinstecken oder arrangieren.

Feuchte Steckmasse und Maschendraht sind die bekanntesten Steckhilfen für Blumenarrangements; wenn Sie allerdings eine Glasvase oder vergleichbare Behälter verwenden wollen, benötigen Sie jedoch eine weniger mechanisch anmutende, unauffälligere Steckhilfe. In solchen Fällen bieten sich Glasmurmeln oder transparentes Klebeband als Befestigungsmaterial an (siehe gegenüberliegende Seite).

Feuchte Steckmasse

Feuchte Steckmasse ist die bekannteste Steckhilfe. Man erhält sie in Blöcken, die einige Zeit in Wasser eingeweicht werden, bevor man die Blumenstiele hineinsteckt. Steckmasse eignet sich nicht für Blumen mit sehr weichen Stengeln, da diese beim Hineindrücken in die Masse brechen können.

1 Die Steckmasse gründlich in Wasser einweichen; dann mit einem scharfen Messer passend für das Gefäß zuschneiden.

2 Die Steckmasse fest in das Gefäß drücken; notfalls mit Nadeln aus Blumendraht oder Floristenklebeband fixieren.

3 Sobald die feuchte Steckmasse fest an ihrem Platz sitzt, können Sie mit dem Aufbau Ihres Arrangements beginnen.

Maschendraht

Maschendraht eignet sich als Steckunterlage sowohl für Blumen mit weichen Stengeln als auch für große, holzige Stiele.

1 Den Maschendraht zu einer Kugel zurechtbiegen; dabei die scharfen Enden nach unten drehen.

2 Die Drahtkugel fest in das Gefäß drücken und gegebenenfalls mit Bindedraht fixieren (siehe Seite 120).

Feste Steckhilfe
LINKS: Mit einer Steckhilfe aus Maschendraht bleiben Ihre Blumen exakt in der Position, in der Sie sie festgesteckt haben – sogar in einem lockeren, offenen Arrangement.

Transparentes Klebeband

In einem Glasgefäß ist jede Art von Steckunterlage deutlich sichtbar. Daher empfiehlt sich bei solchen Behältern ein Gitter aus Klebeband, das über den Rand geklebt wird.

1 Das Gefäß etwa zu zwei Dritteln mit Wasser füllen; danach die Innen- und Außenseiten des Randes sorgfältig trockenreiben.

2 Transparentes Klebeband kreuzweise über die Gefäßränder kleben, so daß eine Art Gitter entsteht. Die »Maschengröße« des Gitters richtet sich nach der Stärke der verwendeten Blumenstengel.

3 Nun die Blumen- bzw. Blattstiele in die Öffnungen des Klebeband-Gitters stecken. Auf diese Weise sitzt das Pflanzenmaterial fest und bleibt in Position.

Glasmurmeln

Bei Blumen mit festen Stengeln, wie etwa Lilien, stellen durchsichtige Glasmurmeln eine gute Alternative zu einem Gitter aus Klebeband dar.

1 Den Glasbehälter zu einem Drittel mit klaren Glasmurmeln füllen; danach Wasser hineingießen, bis er zu zwei Dritteln gefüllt ist.

2 Nun die Blumenstiele zwischen die Glasmurmeln stecken. Für diese Methode eignen sich nur Pflanzen mit festen Stielen – zu weiche Stengel würden verbiegen.

Glasmurmeln als Halterung

LINKS: *Klare Glasmurmeln sind in einem Glasgefäß beinahe unsichtbar und bieten den Stielen genügend Halt, ohne dabei von der Schönheit der Blumen abzulenken.*

Die Haltbarkeit verlängern

Jeder Pflanzenliebhaber wünscht sich, daß seine Blumenarrangements so lange wie möglich ihre Schönheit bewahren. Natürlich bleiben manche Schnittblumen länger frisch als andere; es gibt jedoch einige Grundregeln zur Verlängerung der Haltbarkeit von Sträußen und Gestecken, die man immer beachten sollte – egal, welche Blumen Sie verwenden wollen.

Zuallererst müssen Sie natürlich dafür sorgen, daß Ihre Pflanzen immer genügend Wasser bekommen: Überprüfen Sie Ihr Arrangement regelmäßig, damit Sie gegebenenfalls sofort frisches Wasser nachgießen können. Dies gilt besonders bei sehr warmem Wetter oder in Räumen mit Zentralheizung, wo das Wasser nicht nur von den Pflanzen aufgenommen wird, sondern auch schnell verdunstet. Wenn Sie eine Mischung aus Ammoniak und Zucker – in kleinen Päckchen im Blumengeschäft erhältlich – ins Gießwasser geben, verlängern Sie ebenfalls das Leben Ihrer Blumen. Darüber hinaus sollten Sie darauf achten, daß das Wasser möglichst sauber bleibt. Fauliges oder verdorbenes Wasser (das häufig durch im Wasser verrottende Blätter verursacht wird – siehe unten) führt dazu, daß Ihre Blumen sehr schnell die Köpfe hängen lassen.

Eine gleichmäßige, angenehme Temperatur ist für die Haltbarkeit Ihrer Schnittblumen ebenfalls von großer Bedeutung: Stellen Sie nie ein Arrangement in direktes Sonnenlicht oder zu nahe an die Heizung. Außerdem sollten Sie vermeiden, Ihre Blumen schnell aus einem sehr kühlen Raum in eine wesentlich wärmere Umgebung zu transportieren – ein plötzlicher Temperaturwechsel, wie etwa aus dem kühlen Blumengeschäft in ein warmes, zentral beheiztes Haus, kann dazu führen, daß Ihre Pflanzen in kürzester Zeit verwelken. Statt dessen sollten Sie Ihre Blumen und Blätter langsam an wärmere Zimmertemperaturen gewöhnen: Stellen Sie sie für eine Weile auf eine schattige Veranda oder in die Diele, bevor Sie mit dem Arrangieren beginnen.

Zusätzlich zu den bereits vorgestellten allgemeinen Grundregeln gibt es für verschiedene Blumen noch spezielle Methoden zur Verlängerung der Lebensdauer. Vor dem Arrangieren können Sie etwa mit Hilfe verschiedener Maßnahmen die Blütenstiele so vorbereiten, daß sie mehr Wasser aufnehmen (siehe unten und gegenüberliegende Seite) oder dafür sorgen, daß sich ihre Blütenknospen schneller öffnen (gegenüberliegende Seite).

Untere Blätter entfernen

Wenn sich Blätter eine gewisse Zeit unter der Wasseroberfläche befinden, beginnen sie zu verfaulen. Dadurch verdirbt das Vasenwasser, und Ihre Blumen lassen die Köpfe hängen. Aus diesem Grund sollten Sie vor dem Arrangieren vorsichtig alle Blätter abzupfen, die sich im fertigen Gesteck unterhalb der Wasseroberfläche befinden könnten.

Stiele weichklopfen

Schnittblumen mit holzigen oder faserigen Stielen nehmen nur schwer Wasser auf. Sie können die Wasseraufnahme jedoch verbessern, indem Sie das untere Stielende auf einer Länge von etwa 2,5 cm mit einem Hammer vorsichtig weichklopfen. Vor allem Rosen profitieren von dieser Behandlung.

Luftblasen entfernen

Damit sich in den verholzten Stielen von Schnittpflanzen keine Luftblasen bilden können, die die Aufnahme von Wasser verhindern, taucht man die Pflanzenstiele etwa 20 Sekunden lang in fast kochendes Wasser. Die Blüten und Blätter sollten dabei mit einem Tuch vor dem heißen Dampf geschützt werden. KLEINES BILD: *Die Stiele sofort danach herausnehmen, in kaltes Wasser stellen und an einem kühlen Ort etwa 1–2 Stunden stehen lassen.*

Stiele versengen

1 *Aus den Stengeln mancher Blumen wie der Wolfsmilch (Euphorbie) oder bei Narzissen tritt beim Anschneiden ein Milchsaft aus, der das Vasenwasser verdirbt; außerdem verliert die Pflanze so wichtige Nährstoffe und verwelkt schneller. Bevor Sie mit einem Arrangement beginnen, sollten Sie daher durch Anschneiden prüfen, ob Ihre Blumen Milchsaft bilden.*

2 *Ist dies der Fall, dann versengen Sie mit einer brennenden Kerze oder einem langsam abbrennenden Streichholz kurz die Schnittfläche des Blumenstiels. Dadurch wird er versiegelt, so daß kein Saft mehr auslaufen und das Blumenwasser verschmutzen kann, während der Stiel immer noch in der Lage ist, Wasser aufzunehmen.*

Verwelkte Blüten entfernen

Schnittblumen mit mehreren Blüten an einem Stiel halten länger, wenn man die verwelkten Blütenköpfe regelmäßig entfernt. Außerdem öffnen sich dann eventuell noch vorhandene Knospen schneller.

Staubgefäße entfernen

Blüten mit hervorstehenden Staubgefäßen, wie etwa Lilien, halten länger, wenn die Staubgefäße entfernt werden. Kneifen Sie sie einfach mit den Fingern aus der Blüte oder schneiden Sie sie mit einer scharfen Schere ab. Dadurch verringern Sie die Menge des gebildeten Blütenpollens, der zudem häufig hartnäckige Flecken verursacht.

Blumen vorbereiten

Damit sich Schnittblumen in einem Gesteck von ihrer schönsten Seite präsentieren können, müssen sie manchmal vor dem Arrangieren vorbereitet werden. Das Zurechtschneiden, Geraderichten, Andrahten oder Entdornen von Stielen sowie das vorsichtige Öffnen von Knospen gehören dabei zu den wichtigsten Handgriffen, die man beherrschen sollte. Der Schlüssel zu all diesen Maßnahmen liegt im vorsichtigen Umgang mit dem Pflanzenmaterial – nur allzu leicht wird ein Blütenblatt zerrissen oder beschädigt.

Für das Zurechtschneiden von Blumen für ein Blumenarrangement sprechen viele Gründe. Vielleicht müssen Sie die Stiele kürzen, damit sie in ein kleineres Gefäß passen; vielleicht wollen Sie aber auch das Leben Ihrer bereits voll erblühten Blumen verlängern, indem Sie die Stiele fast vollständig abschneiden und die Blumen in eine kleine Schale stellen. Wenn man kleinere Äste von größeren Zweigen abschneidet und absterbende Blätter entfernt, hält sich das Blattwerk länger. Mit Blütenköpfen auf entblätterten Stengeln lassen sich Arrangements aus verschiedenen Blumen üppiger gestalten. In all diesen Fällen sollten Sie zum Schneiden eine scharfe Schere verwenden und darauf achten, die Stengel nicht zu quetschen oder zu beschädigen.

Blumen und Pflanzen mit angedrahteten oder geradegerichteten Stielen lassen sich besonders exakt arrangieren. Blumenstiele, die sich sehr leicht neigen oder krümmen – wie etwa bei Tulpen und Anemonen –, können gerade geformt werden, indem man sie fest in Papier einwickelt (siehe unten). Dagegen lassen sich die weichen oder biegsamen Stiele einiger Blumenarten – wie von Gerbera, Ringelblumen und Anemonen – mit Blumendraht verstärken (siehe gegenüberliegende Seite).

Wenn Sie beim Floristen Blumen kaufen, wählen Sie wahrscheinlich Stiele mit besonders vielen Knospen und hoffen, daß diese sich nach und nach öffnen. Manchmal allerdings bleiben die Knospen fest geschlossen; es gibt jedoch Tricks, sie dennoch zum Öffnen zu bewegen. Bei Blumen mit größeren Blütenständen – z. B. Freesien, Gladiolen oder Rittersporn – schneidet man die verwelkten Blüten am Ansatz ab, so daß sich die noch geschlossenen Blütenknospen an der Spitze entwickeln können. Blumen mit kräftigen, wächsernen Blütenblättern, wie etwa Schwertlilien (*Iris*), lassen sich dagegen vorsichtig mit den Fingern öffnen (siehe gegenüberliegende Seite).

Blumen mit stacheligen Stielen, wie z. B. Rosen, sollten entstachelt werden, bevor man sie in die Steckmasse schiebt.

Stiele geraderichten

1 *Diese Technik eignet sich für Tulpen und Anemonen, die häufig gebogene oder gekrümmte Stiele besitzen. Schneiden Sie zunächst alle verblaßten Blätter am unteren Ende der Stiele ab und umwickeln Sie die Stengel fest mit ein paar Lagen Zeitungspapier.*

2 *Den Bund vor dem Arrangieren ein bis zwei Stunden in eine Kanne oder einen Krug mit Wasser stellen. Sie richten sich dann von selbst wieder gerade.*

Stiele andrahten

1 Einen mittelstarken Blumendraht genau am Stielansatz von unten durch die Mitte der Blüte schieben, bis er oben etwa 5 cm hinaussteht. Dann das obere Drahtende zu einem Haken umbiegen und den Haken in die Blüte zurückziehen.

2 Den Blütenstiel festhalten und das lange Drahtende vorsichtig um den Stil herumwinden. Zum Schluß den überstehenden Draht abschneiden. (Diese Methode eignet sich für Blumen mit weichen, biegsamen Stielen und schweren, großen Blüten.)

Beschädigte Blütenblätter entfernen

Rosenblüten sollten möglichst perfekt aussehen, um die größtmögliche Wirkung zu erzielen. Sie können das Aussehen Ihrer Rosen verbessern, indem Sie vor dem Arrangieren vorsichtig alle beschädigten oder verblaßten Blütenblätter entfernen.

Entstacheln

Es ist fast unmöglich, einen Rosenstiel in die Steckmasse zu drücken, an dem sich noch Stacheln befinden. Entfernen Sie daher alle Blätter am unteren Teil des Stiels und schneiden Sie mit einer scharfen Schere vorsichtig alle Stacheln am Stielende ab.

Unhandliche Stiele vorbereiten

Die vielen Blätter an einem Tulpenstiel sind häufig sehr schwierig zu arrangieren. Am besten zupfen Sie einige der Blätter ab, damit die Stengel weniger unhandlich sind; aber achten Sie darauf, die Stiele dabei nicht zu verbiegen.

Knospen öffnen

Bei einigen Blumen mit kräftigen, wächsernen Blütenblättern kann man die noch fast geschlossenen Blüten etwas weiter öffnen: Ziehen Sie einfach die Blütenblätter mit Daumen und Zeigefinger sanft auseinander. Eine auf diese Art geöffnete Blüte wird ihre neue Form weiter beibehalten.

Ein Bukett anfertigen

Ein Blumenbukett ist das perfekte Geschenk für viele Gelegenheiten. Die Kunst besteht darin, die Blumen stufenweise und attraktiv so anzuordnen, daß der Beschenkte alle Blüten mit einem Blick übersehen kann. Seidenpapier zwischen den einzelnen Stufen verhindert, daß die Blütenköpfe zerdrückt werden; außerdem wirkt das Bukett auf diese Weise großzügiger und eindrucksvoller.

1 *Das als Hintergrund für die Blumen gedachte Blattwerk auf einem großen Bogen Transparentfolie fächerförmig auslegen und alle geknickten oder verwelkten Blätter abschneiden.*

2 *Einen Wulst aus Seidenpapier über die unteren beiden Drittel des Blattwerks legen. Auf diese Weise werden die Blütenköpfe leicht angehoben und geschützt.*

3 *Nun die Blumen stufenweise auf die Blätter und das Seidenpapier legen; dabei mit den längsten Blumen beginnen.*

4 *Die restlichen Blumen so über den Strauß verteilen, daß eine Fächerform entsteht (siehe Seite 50). Die Blumen mit den kürzesten Stielen im unteren Bereich des Buketts anordnen.*

Geschenkbukett

Zum Abschluß die Transparentfolie über dem Bukett zusammenschlagen, die Ränder festkleben und die Folie auf Höhe der Stiele drehen, so daß ein »Handgriff« entsteht. Diese Stelle mit einer Doppelschleife verzieren (siehe Seite 28–29).

Ein Sträußchen binden

Ein Sträußchen ergibt ein schlichtes und elegantes Geschenk. Während ein Bukett im allgemeinen so konzipiert ist, daß man es auseinandernehmen und neu zusammenstellen kann, wird ein Sträußchen ohne weitere Veränderungen einfach in eine Vase oder einen Krug gestellt. Ein solches Arrangement besteht aus einer Reihe konzentrischer Kreise aus Blumen und Blättern. Sie müssen nur darauf achten, daß Sie von jeder Pflanze genug Exemplare haben, um einen geschlossenen Kreis bilden zu können.

1 Bei einem Sträußchen geht man von der Mitte aus zu den Rändern vor. Eine besonders schöne Blume als optischen Mittelpunkt wählen und mit einem Kranz oder »Kragen« aus Blättern umgeben; die Stiele sollten sich an der gedachten Bindestelle überkreuzen.

2 Den nächsten Ring aus Blumen leicht unterhalb des Blattkranzes anlegen; dabei die Stiele wie in Bild 1 an der gedachten Bindestelle kreuzen.

3 Auf diese Weise auch die übrigen Ringe aus Blumen und Blättern arrangieren; zum Schluß die Stiele an der Bindestelle fest mit einer Schnur oder einem Gummiband zusammenbinden und den Knoten mit einer Schleife kaschieren (siehe Seite 28–29).

4 Alle Stiele auf gleichmäßige Länge abschneiden; dadurch kann das Sträußchen aufrecht in einer Vase stehen. Blumen mit holzigen Stielen sind kräftig genug, ohne zusätzliche Stütze zu stehen und tragen so auch die übrigen Blumen des Arrangements.

Vielseitiges Sträußchen
Ein klassisches, ringförmig arrangiertes Sträußchen ergibt einen vielseitigen Blumenschmuck, den man in der Hand tragen oder in ein Gefäß stellen kann.

Bänder und Schleifen

Eine Schleife aus Schmuckband verleiht jedem Sträußchen oder Bukett den letzten dekorativen Schliff. Dabei sollte das Band als Ergänzung zu Ihren Blumen dienen: Entscheiden Sie sich entweder für eine passende oder eine Kontrastfarbe, die zumindest mit einem der in Ihrem Arrangement verwendeten Farbtöne in Beziehung steht. Doppelseitiges Band ist am besten geeignet. Auf den Abbildungen unten wird erklärt, wie man eine Doppelschleife anfertigt. Sie können aber auch eine Schleife mit sechs Schlaufen herstellen, wenn Sie nach Abbildung 3 zwei weitere Schlaufen hinzufügen.

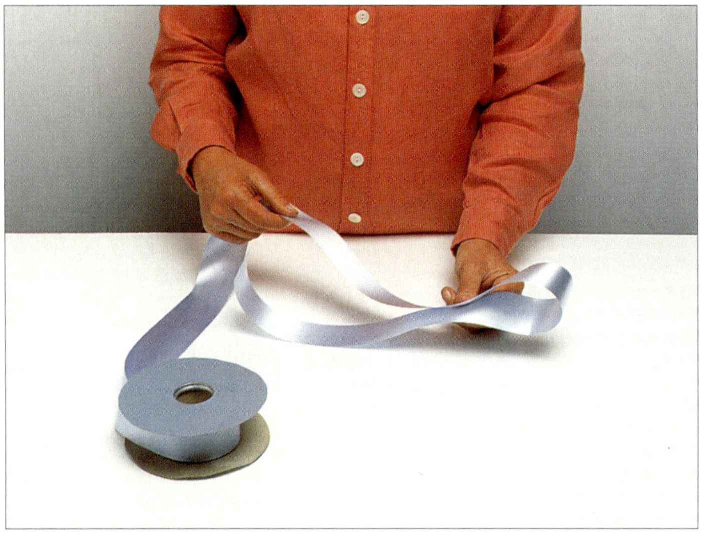

1 Das Band zu einer Schlaufe legen; dabei ein etwa 15 cm langes Stück stehenlassen und das längere Bandende über das kürzere führen.

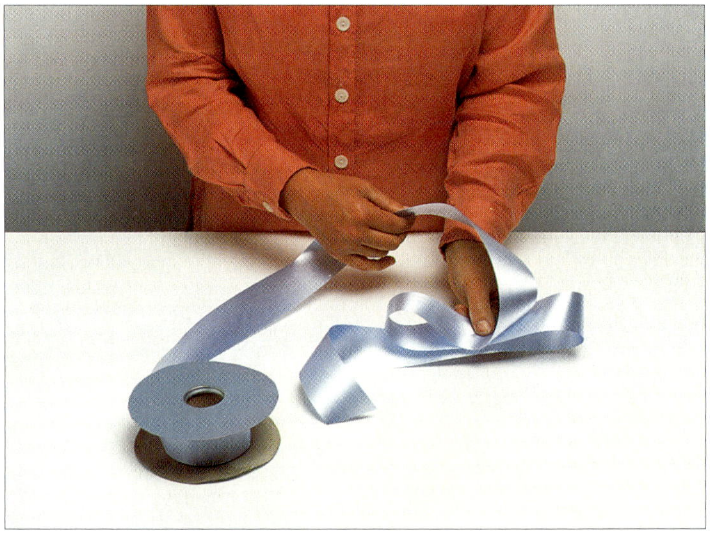

2 Gegenüber der ersten Schlaufe eine zweite legen und das Band in der Mitte der Schlaufen zwischen Daumen und Zeigefinger halten. Eine dritte Schlaufe über die erste legen und das lange Bandende wieder zur Mitte zurückführen.

3 Nun die vierte Schlaufe über der zweiten Schlaufe bilden; dabei wird das Band nach unten auf die Rückseite der Schleife geführt.

4 Das lange Bandende zwischen Daumen und Zeigefinger nehmen, so daß eine Scheife mit vier Schlaufen entsteht. Das kurze Bandende sollte weich von der Schleife nach außen fallen.

5 Die Schleifenmitte in beide Hände nehmen, zwischen den Fingern knicken und die Schlaufen dabei leicht auffächern, so daß sie attraktive, gleichmäßige Bögen bilden.

6 *Die Schleife in einer Hand halten, mit der anderen Hand ein Stück mittelstarken Blumendraht um die Schleifenmitte wickeln und fest zusammendrehen, so daß die Schlaufen ihre Form beibehalten.*

7 *Die Bandenden auf gleiche Länge kürzen; dabei die Enden schräg abschneiden, so daß eine V-Form entsteht.*

8 *Einen schmalen Streifen des gleichen Bandes fest um die Mitte der Schleife winden. Dadurch soll der in Schritt 6 verwendete Blumendraht verdeckt werden.*

Doppelschleife
Durch eine sorgfältig gebundene, einfach anzufertigende Schleife aus Schmuckband erhält Ihr Bukett oder Sträußchen den krönenden Abschluß.

Grundregeln der Gestaltung

Die Gestaltung eines Blumenarrangements beruht auf bestimmten Grundregeln, die ein gewisses Verständnis für die natürlichen Eigenschaften der in einem Blumenarrangement verwendeten Pflanzenmaterialien erfordern. Dieses Kapitel stellt die verschiedenen Elemente vor, aus denen sich ein Arrangement aufbaut – Form, Farbe, Struktur und Größe von Blumen, Blättern und Gefäßen – und demonstriert anhand einiger einfacher Beispiele, wie Sie die daraus abzuleitenden Grundregeln bei Ihren eigenen Kreationen anwenden können.

Die Bedeutung natürlicher Formen

Die Form einer Blume spielt bei der Gestaltung eines Blumenarrangements eine ebenso große Rolle wie deren Farbe. Bevor Sie mit einem Arrangement beginnen, sollten Sie die Blumen, die Sie verwenden wollen, einmal genau betrachten. Sind ihre Blütenköpfe groß oder klein, erscheinen sie weich oder hart, flauschig oder wächsern? Sind die Blütenblätter breit oder schmal, flach oder gekrümmt? Sind die Stiele gerade oder gedreht, mit oder ohne Zweige und Verästelungen? Eine genaue Überprüfung dieser Eigenschaften wird Ihnen die Entscheidung erleichtern, ob Sie die Blumen einzeln und ohne weiteres Pflanzenmaterial oder zusammen mit kontrastierenden Blatt- und Pflanzenformen arrangieren wollen.

Manche Blütenformen bieten sich meist von selbst für ein bestimmtes Design an. Große, wächserne Blüten wie die von Lilien, Tulpen, Narzissen oder Ritterstern wirken auch ohne zusätzliches Pflanzenmaterial besonders eindrucksvoll. Dagegen sollten kleine, büschelige Blumen wie beim Wiesenkerbel oder Leimkraut in dichten Gruppen zusammengestellt werden, um ihre Ausdruckskraft zu erhöhen. Blüten mit vielen Blütenblättern wie Chrysanthemen, Rosen oder Nelken wirken in Gruppen wunderschön, eignen sich aber auch für gemischte Arrangements. Die Blumen in den drei hier gezeigten Gestecken – Akazie, Hahnenfuß und Tulpen – wurden so arrangiert, daß ihre natürlichen Formen besonders gut zur Geltung kommen.

Akazie, »Mimose«
(*Acacia dealbata*)

Flaumige Akazienähren
Links: Die goldgelbe Akazie benötigt nur wenige Handgriffe, damit ihre weichen, zarten Blütenbälle gut zur Geltung kommen. Bei diesem Arrangement wurden die flaumigen Ähren locker arrangiert, um die natürliche Wuchsform nachzuempfinden. Darüber hinaus war kein weiteres Beiwerk nötig.

Zarter Hahnenfuß

LINKS: *Diese »Butterblumen« besitzen zarte Blütenköpfe und dünne Pflanzenstiele. Hier wurden sie in einem dichten Büschel so zusammengestellt, als ob sie noch stets im Garten wachsen würden – was ihr natürliches Wachstumsmuster betont und den farblichen Gesamteindruck verstärkt.*

Große, wächserne Tulpen

LINKS: *Tulpen besitzen eine schlichte, aber sehr klare Form und besonders intensive Farben. Wenn man sie dicht an dicht zusammenstellt und die Blüten dabei auf derselben Höhe anordnet, erhält man ein leuchtendes, eindrucksvolles Arrangement.*

Blumen betonen

Wir alle neigen dazu, Blumen als die einzigen Bestandteile eines Arrangements zu betrachten – vor allem deshalb, weil die meisten Geschenksträuße mit einem Minimum an Grün oder einigen wenigen, weißen Blütenzweigen wie Schleierkraut oder Seifenkraut als Begleitpflanzen auskommen. Aber um seine Blumen besonders gut zur Geltung zu bringen, benötigt man häufig zusätzliche Elemente oder einen reizvolleren Hintergrund.

Das wichtigste dieser Hilfsmittel zur Gestaltung von Blumenarrangements ist Blattwerk. Obwohl sie auch für sich allein sehr eindrucksvoll wirken können (siehe Seite 36–37), werden Blätter meist als Hintergrund für andere Elemente eines Arrangements eingesetzt. Dabei müssen Sie die Farben, Formen und Strukturen des Blattwerks genau betrachten. Die Blätter sollten entweder mit den Blumen harmonieren oder in Kontrast zu ihnen stehen, d. h. sie besonders plastisch hervorheben. Bei einem Blumenarrangement kann man auf eine nahezu unendliche Bandbreite von Blattformen zurückgreifen – von zarten, grasartigen Blättern bis hin zu großen, skulpturalen Formen. Kleinblättrige Sträucher wie Spierstrauch, Liguster oder Greiskraut erzeugen einen dichten, geschlossenen Hintergrund. Feinere Blätter wie die von Gräsern oder zarte Wedel wie die des Frauenhaarfarns wirken dagegen eher luftig und ätherisch.

Auf diesen beiden Seiten bildet ein einfacher Strauß Nelken die Grundlage für fünf unterschiedliche Arrangements. Bei jedem dieser Sträuße ändern sich durch das Blattwerk und die Begleitpflanzen nicht nur die Konturen und der Charakter, sondern auch der Gesamteindruck des Arrangements.

Weißes Kuhkraut
(*Vaccaria hispanica*)

Zartes Kuhkraut
Links: *Zarte weiße Kuhkrautblüten hellen das Arrangement auf und erzeugen einen weichen, diffusen Effekt. Die Zartheit und Blässe dieser Blüten läßt die robusteren Nelken deutlich hervortreten, so daß das Arrangement sehr harmonisch und weniger skulptural erscheint.*

Der Ausgangspunkt
Dieser einfache Nelkenstrauß (unten) wirkt ohne Begleitpflanzen nicht besonders reizvoll, aber durch die Kombination mit Blattwerk oder einigen weißen Blütenzweigen wie dem Kuhkraut lassen sich sehr viel interessantere Effekte erzielen. Die Ausstrahlung des fertigen Arrangements wird durch das Pflanzenmaterial bestimmt, das Sie mit den Nelken kombinieren. Wie Sie sehen, können die Resultate sehr unterschiedlich ausfallen.

Fedriger Spierstrauch

LINKS: *Die gebogenen, gefiederten Blätter des Spierstrauchs lockern die starren Konturen des Arrangements auf. Da der Spierstrauch etwas dunkler als die Nelken ist, sorgt er für einen leichten Kontrast.*

Dunkler Alexandrinischer Lorbeer

LINKS: *Alexandrinischer Lorbeer ähnelt in seiner Form dem Spierstrauch, aber seine dunklere Färbung erzeugt einen aufsehenerregenden Kontrast zu den blaßrosa Nelken.*

Rundblättriges Greiskraut

LINKS: *Die ovalen, silbrigen Blätter des Greiskrauts harmonieren in Form, Farbintensität und Oberflächenstruktur mit den Nelken, so daß ein ausgewogenes Arrangement entsteht.*

Glänzender Liguster

LINKS: *Die Liguster-Blätter ähneln in ihrer Form dem Greiskraut, sind jedoch glänzend. Dieses Arrangement weist zwar starke farbliche und strukturelle Kontraste auf, hat aber – wie die Greiskraut-Variante – eine weiche, rundliche Gesamtkontur.*

Blattwerk im Blickpunkt

Obwohl man Blattwerk im allgemeinen zur Unterstützung von Blumen verwendet, besitzt es auch selbst die nötigen Eigenschaften, um als Mittelpunkt und Blickfang eines Arrangements herausgestellt zu werden. Die Bandbreite an Blattfarben reicht von fast Grau bis zu leuchtendem Gelb, Blaugrün und Violett. Auch die Blattgrößen und -formen sind äußerst vielfältig, von zart zerteilten Farnwedeln bis zu großen, skulpturalen Blättern. Unterschiedliche Oberflächenstrukturen – matt, glänzend, rauh, weich – erweitern das Spektrum noch zusätzlich. Wenn Sie ein Arrangement planen, sollten Sie sich um eine reizvolle Mischung von Blattfarben, -formen und -strukturen bemühen, in der helle und dunkle, große und kleine, glänzende und matte Blätter miteinander kombiniert werden. Falls Sie einen Garten besitzen und das ganze Jahr über mit Blattwerk arbeiten möchten, sollten Sie sowohl immergrüne als auch laubwerfende Bäume und Sträucher anpflanzen. Als immergrüne Pflanzen empfehlen sich: Immergrüner Schneeball (*Viburnum tinus*, als Kübelpflanze), Spindelstrauch (*Euonymus*, vor allem die bunt gefleckten Sorten), Greiskraut, Rosmarin, Orangenblume (*Choisya ternata*, im Kübel), Efeu und Stechpalme (*Ilex*). Als laubwerfende Pflanzen wären geeignet: Funkie, Sterndolde, Akelei, Frauenmantel (*Alchemilla mollis*) und Wollziest (*Stachys byzantina*). In den hier gezeigten Arrangements wird die sehr unterschiedliche Wirkung verschiedenster Blattschmuckpflanzen – mit und ohne Blüten – deutlich.

Blattwerk als Rahmen

Links: *Bei diesem Arrangement aus leicht kontrastierenden Formen legen sich die dunkelgrünen Nieswurz-Blätter wie ein Kragen um den Rand der Kanne und bilden so einen Hintergrund, vor dem die Rispen der Goldrute und die runden Schneeballblüten sehr schön zur Geltung kommen.*

Blattwerk im Mittelpunkt

Links: *Dieses Arrangement bietet durch seine unterschiedlichen Blattformen aufsehenerregende Kontraste – die Auswahl reicht von großen geteilten Blättern wie bei der Sterndolde und beim Efeu bis zu den hübschen, kleinen, ovalen Formen des Spindelstrauchs. Die begrenzte, aber ebenfalls kontrastreiche Farbpalette aus leuchtendem Grün und kräftigen Gelb- und Goldtönen läßt das Arrangement einheitlicher erscheinen.*

Blattwerk und Blumen gemischt

Rechts: *Das Farbschema der Pflanzen – silber und graugrün – ist gedämpft, aber die Kontraste der Formen und Strukturen verleihen dem Arrangement Tiefe. Runde, papierartige Stiefmütterchen und zartes Leimkraut kontrastieren mit den wächsernen, schwertförmigen Blätter der Schwertlilie und den leicht filzigen Blättern der Wollziest.*

Die Wirkung von Gefäßformen

Ganz gleich, ob Sie Ihre Blumen für ein ganz bestimmtes Gefäß auswählen oder den Behälter passend zu den Blumen aussuchen – Sie sollten immer versuchen, ein Arrangement zu schaffen, bei dem Blumen und Behälter einander ergänzen. Nichts sieht ungünstiger aus als einige wenige Blütenstiele in einem übergroßen Gefäß oder zu hohe Schnittblumen in einer kleinen, gedrungenen Vase. Der Schlüssel liegt in den richtigen Proportionen. Dabei gibt es keine unumstößlichen Regeln: Häufig wird behauptet, daß bei großen Blumenarrangements die Vase etwa ein Drittel der Gesamthöhe ausmachen sollte, doch muß jedes Arrangement individuell beurteilt werden.

Die Gestecke auf diesen beiden Seiten zeigen, wie man unterschiedliche Gefäßformen und -größen am besten zur Geltung bringt; als Ausgangspunkt dient hier eine schlichter Strauß Chrysanthemen. Bei jedem der drei Beispiele bestimmt die Form des Gefäßes die Konturen des endgültigen Arrangements, und die Blumen wurden dementsprechend angepaßt: Das erste Gesteck wirkt hoch und schlank, das zweite klein und gedrungen und das dritte niedrig und kuppelförmig. Dabei fällt auf, daß sich durch langstielige Blumen in einem hohen, schmalen Behälter, durch das Zurückschneiden der Stiele für ein niedriges Gefäß oder durch eine dichte Masse von Blütenköpfen völlig unterschiedliche Effekte erzielen lassen.

Hohes Gefäß, lange Stiele

LINKS: *Hohe, schlanke Gefäße eignen sich besonders gut für kleine Sträuße langstieliger Blumen, da sie die Stiele durch ihren engen Hals davor bewahren, seitlich umzuknicken. Auf der gegenüberliegenden Seite ist beschrieben, was Sie tun können, wenn die Blätter gelb werden und die Stiele zurückgeschnitten werden müssen.*

Breites Gefäß, mehr Blumen

LINKS: *Bei einem breiteren Gefäß sollten Sie eine größere Zahl von Blumen verwenden, so daß die Blüten in einer dichten Masse über den Rand des Behälters hinausragen. Wenn Sie die Blütenstiele alle auf die gleiche Länge einkürzen, erreichen Sie eine Konzentration der Farbe auf einer Höhe, was die Wirkung des Arrangements erhöht.*

Flache Schale, kurze Stiele

LINKS: *Bei einer flachen Schale sollten Sie die Stiele stark kürzen, damit das fertige Arrangement nicht kopflastig wirkt. In diesem Fall ragen die Blüten knapp über den Rand der Schale hinaus. Die Stengel in der Mitte sind ein wenig länger, so daß eine attraktive Kuppelform entsteht. Niedrige Arrangements eignen sich vor allem für Schnittblumen, deren beste Blütezeit schon vorbei ist, da Sie hier alle vergilbten Blätter entfernen und die Stengel extrem kürzen können.*

Kleine Gefäße: Ideen für jede Jahreszeit

Eine der größten Herausforderungen für jeden Blumenliebhaber ist die ganzjährige Suche nach frischen Blumen für seine Arrangements. Das Geheimnis besteht darin, möglichst oft auf die Blumen der jeweiligen Jahreszeit zurückzugreifen. Sie können beispielsweise mit einem kleinen Sträußchen aus den ersten Schneeglöckchen des Frühlings eine ebenso große Wirkung erzielen wie mit einem kunstvollen Arrangement aus leuchtenden Sommerblumen. Suchen Sie nach den Pflanzen, die zur Zeit in voller Blüte stehen, und überlegen Sie dann, wie Sie sie am besten zur Geltung bringen.

Wenn Sie Blumen und Blätter aus dem eigenen Garten verwenden, anstatt Ihr Pflanzenmaterial beim Floristen zu kaufen, können Sie eine ganze Menge Geld sparen. Frühlings- und Sommerblumen lassen sich im Herbst durch Beeren und Gräser und im Winter durch Zweige, Moos und immergrüne Pflanzen ersetzen. Wenn Sie die Formen und Strukturen Ihres Arrangements ebenso sorgfältig ausgewählt haben wie dessen Farbzusammenstellung, wird selbst eine schlichte Sammlung von Blättern und Beeren besonders reizvoll wirken. Immergrünes Laub läßt sich das ganze Jahr über verwenden – entweder als ein grüner Kragen rund um den Rand eines Gefäßes oder als Hintergrund, an dem Stiele festgesteckt werden können.

Wie auf Seite 38–39 gezeigt, sollten Sie sich die Form Ihres Gefäßes genau ansehen, bevor Sie mit dem Arrangement beginnen, und die Auswahl und Vorbereitung Ihres Pflanzenmaterials auf dessen Größe und Form abstimmen. Selbst wenn Sie nur über eine begrenzte Auswahl an Behältern verfügen, lassen sich damit das ganze Jahr über interessante Arrangements anfertigen. Die hier vorgestellten Blumenarrangements basieren alle auf dem gleichen kleinen Weidenkorb – nur der Inhalt wurde den Jahreszeiten entsprechend angepaßt.

Sommer-Arrangement

RECHTS: *Sommerliche Beete bringen eine Vielzahl von Blumen in sanften Farben und unterschiedlichen Größen und Formen hervor. In diesem kleinen Korb wurden verschiedene Formen, Farben und Strukturen zu einem dichten Gesteck mit wunderschön harmonierenden Farben zusammengestellt, das an einen bunten Dekorationsstoff erinnert.*

Frühlings-Arrangement

LINKS: *Es ist nicht einfach, zu Beginn des Jahres etwas Farbe in seinem Garten zu finden, aber Primeln sind eine ausgezeichnete Wahl für ein kleines Korbgesteck. Ihre kompakten Blätter und zahlreichen Blüten benötigen kaum Veränderungen – stopfen Sie einfach etwas Moos am Rand des Körbchens fest. Auch Primeln im Topf lassen sich auf diese Weise arrangieren.*

Herbst-Arrangement

RECHTS: *Die leuchtend orangeroten Beeren des Feuerdorn sowie eine einzelne Lampionblume dienen als optischer Mittelpunkt dieses Arrangements, in dem Struktur und Farbe eine gleichermaßen wichtige Rolle spielen. Vor dem Hintergrund aus dunkelgrünen Efeublättern tritt das Rot der Beeren besonder stark hervor, und die Glätte der Blätter und Beeren steht in einem spannenden Kontrast zu den hakigen Zweigen und Zapfen der Erle.*

Winter-Arrangement

LINKS: *Sogar mit den wenigen Farben, die im Winter zur Verfügung stehen, läßt sich aus Gartenlaub und den Beeren, die die Vögel übrig gelassen haben, ein reizvolles Arrangement anfertigen. In diesem Fall kontrastieren immergrüne Blätter mit völlig unterschiedlichen Strukturen – fedrige Kiefer, glänzender Efeu, rundlicher Klebsamen – mit den matten Früchten der Myrtenheide. Dagegen wirkt die farbliche Harmonie des Gestecks – mit Grün, Mauve und Silber – als verbindendes Element.*

Große Gefäße: Ideen für jede Jahreszeit

Ein großes Gefäß muß nicht unbedingt bis zum Rand mit Blumen oder großen Blüten vollgestopft werden – wie bei allen anderen Gefäßen liegt auch hier das Geheimnis des Erfolges im richtigen Verhältnis des Behälters zu den natürlichen Formen und Größen der Blumen (siehe Seite 32–33). Beispielsweise ergibt eine große, schlanke Vase ein ideales Gefäß für ein hohes, schmales Arrangement aus langstieligen Blumen, wie etwa Lilien, während eine tiefe Schüssel sich hervorragend als Behälter für große Blüten mit relativ kurzen Stengeln eignet (z. B. Hortensien). Allein durch seine Ausmaße wirkt ein großes Gefäß natürlich immer besonders imposant.

In manchen Fällen ist es sogar wichtiger, vor dem Anfertigen des Arrangements einen passenden Standort zu finden und die Ausmaße, Größe und Farbzusammenstellung des Gestecks der Umgebung entsprechend anzupassen.

Die beiden hier vorgestellten jahreszeitlichen Arrangements – in einem großen Krug und einer Waschschüssel bzw. einer tiefen Suppenterrine – wurden mit völlig verschiedenen Blumen erstellt, so daß sie ganz unterschiedliche Stimmungen und Effekte erzeugen. Das Frühlings-Arrangement im Krug – eine leichte, luftige Komposition aus zarten, überhängenden Wildblumen – zeigt eindrucksvoll, daß kleine oder winzige Blüten auch in einem großen, massiv wirkenden Gefäß verblüffend schön sein können. Dieses Arrangement würde in einer zwanglosen, rustikalen Umgebung hervorragend zur Geltung kommen. Im Gegensatz dazu wirkt der sommerliche Strauß rechts – in dem die Blumen im unteren Teil um etwa die Hälfte gestutzt wurden, während Rittersporn, Löwenmaul und *Lisianthus* ungekürzt blieben – wesentlich dichter und voller. Ein solcher Dekorationsstil eignet sich eher für eine formellere Umgebung wie ein Eß- oder Wohnzimmer.

Frühlings-Arrangement

Links: *Dieser Strauß besteht aus wilden Wiesen- und Heckenblumen, die sehr natürlich und ohne Steckunterlage in einem rustikalen Wasserkrug angeordnet wurden. Die schmalen Ähren der hohen Gräser durchbrechen die Konturen des Straußes und verleihen dem sehr locker angelegten Arrangement zusätzliche Struktur.*

Sommer-Arrangement

UNTEN: *Bei diesem kunstvoll arrangierten Strauß wurden die Farben und Formen sorgfältig aufeinander abgestimmt, um ein formales Erscheinungsbild zu erzeugen. Durch die Begrenzung der Farbpalette bei einer Vielzahl verschiedener Blumen erhält die Komposition zusätzlich Tiefe und Struktur.*

Form

Die Form ist bei Sträußen und Gestecken von entscheidender Bedeutung, da sie die Struktur des Arrangements bestimmt und daher wesentlichen Einfluß auf den Gesamteindruck ausübt. Es gibt zwei Grundformen – flache (oder fächerförmige) Arrangements, die man in erster Linie von vorne betrachtet, und runde Arrangements, die von allen Seiten gesehen gut wirken. In diesem Kapitel wird an drei Beispielen erläutert, wie man diese Formen herstellt, wobei jeweils das Pflanzenmaterial einer Jahreszeit Verwendung findet. Neben der Formgebung des Arrangements befaßt sich dieses Kapitel auch mit der Form einzelner Blüten und Blätter und zeigt, wie man unterschiedlich geformte Materialien untereinander kombiniert, um einen skulpturalen Effekt zu erzeugen.

Die Formen von Blüten und Blättern

Die Formen von Blüten und Blättern spielen beim Arrangieren eine herausragende Rolle. Tatsächlich ist die Kombination verschiedener Formen einer der Hauptfaktoren bei der Gestaltung interessanter und außergewöhnlicher Blumenarrangements. Auf diesen beiden Seiten finden Sie Beispiele für verschiedene Blüten- und Blattformen. Wenn Sie sie genauer betrachten, schulen Sie damit nicht nur Ihren Blick, sondern lernen auch, wie Sie diese Formen in Ihren Arrangements am wirkungsvollsten einsetzen können.

Weiche, flauschige Blüten

RECHTS: *Weiche, flauschige, diffus wirkende Blüten wie diese, die aus vielen kleinen Blüten bestehen, ergeben einen reizvollen Kontrast zu klareren Blütenformen.*

Große, wächserne Blütenblätter

RECHTS: *Große, klar umrissene, wächserne Blüten bilden den Blickfang jedes Arrangements.*

Blütenkontraste

RECHTS: *Durch die Kombination der weichen, glatten Blütenblätter einer Rose mit den harten, kleinen Blütenähren des Lavendel entsteht ein interessanter Kontrast von Formen und Strukturen.*

Formen ohne Blüten

RECHTS: *Auch Beeren und Samenstände können mit ihren ausgeprägten Formen den Charakter eines Arrangements bestimmen. Sie sind besonders im Herbst oder Winter sehr nützlich, wenn das Angebot an Blumen gering ist.*

Ovale Blätter

LINKS: *Obwohl jedes der hier gezeigten Blätter eine ovale Grundform besitzt, bilden die winzigen Spierstrauchblätter einen Kontrast zum großen Laub der Funkie und dem mittelgroßen Salbeiblatt.*

Spitze Blätter

LINKS: *Die spitze, schwertförmige Iris und der Saumfarn betonen durch ihre Kontrastwirkung das ovale, spitz zulaufende Funkienblatt.*

Ähnliche Form, kontrastierende Farben

RECHTS: *All diese Blätter besitzen eine ähnliche Form – gekerbt bzw. gezähmt und gefiedert. Der fedrige Frauenhaarfarn hebt sich jedoch deutlich vom großen, dunkelgrünen Nieswurzblatt und dem scharfgezähnten Oval des hellgrünen Gamander-Blattes ab.*

Kontrastierende Form, ähnliche Farbe

RECHTS: *Kontrastierende Formen lassen sich durch ähnliche Farbtöne harmonisch miteinander verbinden – glänzender Buchsbaum, marmorierter Efeu, zarte Wiesenraute und handförmig geteilte Sterndolden-Blätter.*

Runde Arrangements

Ein Arrangement, das einen zentralen Standort wie etwa die Tischmitte schmücken soll, muß so aufgebaut werden, daß es von allen Seiten gleich attraktiv erscheint. Obwohl die Form variieren kann – von einer niedrigen Wölbung bis hin zu einer hohen Kuppelform -, sollten Sie stets ein ausgewogenes Verhältnis zwischen Blättern und Blüten anstreben, bei dem keine sichtbaren Lücken im Arrangement entstehen.

Die schönsten runden Arrangements für einen zentralen Platz sind relativ symmetrisch, aber keineswegs gleichförmig aufgebaut. Mit Hilfe eines Kabaretts (ein drehbares Tablett) behalten Sie während des Arrangierens den Überblick. Sobald die Grundform feststeht, transportieren Sie das Gesteck an seinen endgültigen Standort und betrachten es mit den Augen eines Besuchers aus verschiedenen Blickwinkeln. Falls Sie beispielsweise ein Tischgesteck für ein festliches Abendessen angefertigt haben, nehmen Sie der Reihe nach auf allen Stühlen am Tisch Platz und überprüfen sämtliche Seiten und den oberen Bereich des Gestecks auf mögliche Lücken zwischen den Pflanzen. Die folgenden Beispiele zeigen ein rundes Arrangement aus verschiedenen Blickwinkeln und demonstrieren, daß Komposition und Proportion wichtiger sind als Symmetrie.

Frontalansicht

RECHTS: *Die Grundform des Arrangements ist zwar rund, aber nicht vollkommen symmetrisch, da die Konturen durch das fedrige Blattwerk des Dills aufgebrochen werden; dieser bildet einen schönen Kontrast zu den wächsernen, skulpturalen Blüten des Rittersterns. Ein Kranz aus Greiskraut-Blättern dient zur Auflockerung der harten Konturen des Vasenrandes.*

Dill (*Anethum graveolens*)

Ritterstern (*Hippeastrum*)

Schneeball (*Viburnum opulus*)

Tulpe (*Tulipa*)

Südseemyrte (*Leptospermum*)

Rose (*Rosa* 'Bridal Pink')

Greiskraut (*Senecio laxifolius*)

Seitenansicht

LINKS: *Obwohl das Arrangement von der Seite gesehen schmaler und höher wirkt als von vorne, bietet es dennoch eine ausgewogene Komposition aus Blüten und Blättern. Achten Sie darauf, daß die Blumen gleichmäßig in alle Richtungen aus dem Gefäß herausragen, damit das Arrangement nicht unsymmetrisch erscheint.*

Ansicht von oben

RECHTS: *Dieser Blickwinkel ist bei runden Arrangements von größter Bedeutung. Das hier gezeigte Gesteck – eine harmonische Mischung aus Blüten und Blättern in kontrastierenden Schattierungen von Rot, Rosa, Grün und Weiß – wirkt nahezu perfekt abgerundet, so daß jede Blüte wunderschön zur Geltung kommt.*

Flache Arrangements

Das dreieckige Gesteck – unter Floristen als »flaches« oder »fächerförmiges Arrangement« bekannt – kann direkt vor einem Hintergrund wie etwa einer Wand aufgestellt werden. Im Gegensatz zu den von allen Seiten gut sichtbaren, runden Gestecken wird das flache Arrangement hauptsächlich von vorne betrachtet. Obwohl seine Form von sehr breiten Fächern bis hin zu schmalen, hohen Dreiecken variieren kann, sollten Sie sich beim Arrangieren auf den einzigen Blickwinkel konzentrieren.

Legen Sie zuerst die Grundform fest (meist durch Blätter) und füllen dann diese Kontur mit Blüten und anderem Pflanzenmaterial. Da flache Arrangements nicht von allen Seiten gleichmäßig mit Blüten und Blättern bedeckt sein müssen (an seinem endgültigen Standort ist die Rückseite des Gestecks nicht mehr sichtbar), benötigen Sie auch weniger Pflanzenmaterial als für ein rundes Arrangement. Aber denken Sie daran, daß auch die Seiten zu sehen sind und ausgewogen erscheinen sollten. Die folgenden drei Ansichten eines flachen Arrangements zeigen Ihnen die Grundform dieser Gesteckart.

Frontalansicht

Rechts: *Die Fächerform ist trotz der leicht abgerundeten Konturen, die von dem zarten, bogenförmigen Blattwerk an den Seiten und der Basis des Gestecks noch betont werden, deutlich sichtbar. Die langen Stiele der Goldruten und Levkojen sowie das Blattwerk des gefleckten Spindelstrauchs zeichnen die Grundform des Fächers nach, während gelbe Freesien und weiße Gerbera das Arrangement harmonisch abrunden.*

Goldrute (*Solidago canadensis*)

Levkoje (*Matthiola*)

Halskraut (*Trachelium caeruleum*)

Gerbera (*Gerbera*)

Freesie (*Freesia*)

Spindelstrauch (*Euonymus fortunei* 'Emerald 'n Gold')

Eukalyptus (*Eucalyptus*)

Linke Seitenansicht
LINKS: *Die Seitenansicht zeigt die Grundform des Arrangements: mehrere Schichten aus Spindelstrauch, Goldrute und Levkojen. Auf dieser Seite prägen goldgelbe Freesien das Bild.*

Rechte Seitenansicht
RECHTS: *Die beiden Seiten eines flachen Arrangements müssen nicht unbedingt perfekt aufeinander abgestimmt sein, da sie nie gleichzeitig sichtbar sind. Durch die auffällige Position der weißen Gerbera rechts im oberen Bereich und die goldgelben Freesien darunter entsteht nochmals fast ein eigenes, kleines Arrangement innerhalb des Gestecks.*

Rund und niedrig: Frühlingshafter Nieswurz-Teller

PFLANZEN UND MATERIALIEN
Moos
Runde, flache Keramikschale
Flaches Tablett, Durchmesser etwa 3 cm größer als die Schale
8–10 Salatblätter (*Lactuca sativa* 'Lollo Rossa')
8–10 Purpurglöckchen-Blätter (*Heuchera* 'Palace Purple')
15–20 Nieswurzblüten und -blätter (*Helleborus*-Hybride)

Dieses runde, niedrige Arrangement eignet sich hervorragend für einen niedrigen Beistelltisch, auf dem man das Gesteck von oben betrachten kann. Becherförmige Blüten wie die von Nieswurz und Anemonen bieten sich hierfür besonders an, da ihre Formen die Konturen des Gefäßes noch einmal aufnehmen. Für dieses Arrangement benötigen Sie nur wenige Blüten und einige kontrastierende Blätter. Durch die große Fülle gleicher Blumen wird die Aufmerksamkeit des Betrachters auf die Schönheit jeder einzelnen Blüte gelenkt, während die Beschränkung auf eine einzige Farbe dem Arrangement große Ausdruckskraft verleiht.

Ein flaches, rundes Gefäß eignet sich ideal für Blüten mit schwachen oder schlaffen Stielen, da Sie auf diese Weise die Blütenköpfe sinnvoll verwenden können. Insbesondere Pflanzen mit nickenden Blüten, wie Anemone, Kaiserkrone, Teppich-Johanniskraut oder Nieswurz bringen so die Schönheit ihrer Blütenköpfe am besten zur Geltung.

RECHTS: *Da dieses Arrangement hauptsächlich von oben betrachtet werden soll, muß es nicht sehr groß ausfallen. Tatsächlich sind die Blüten kaum höher als der Rand der Schale. Solch niedrige Arrangements kommen am besten zur Geltung, wenn die Blütenköpfe in ihrer Gesamtheit sichtbar sind.*

Schritt-für-Schritt-Anleitung

Siehe auch: Die Bedeutung natürlicher Formen (Seite 32 – 33); Blüten- und Blattformen (Seite 46 – 47); Runde Arrangements (Seite 48 – 49); Violett und Blau (Seite 72 – 73).

1 Eine Handvoll Moos so entlang des Tablettrandes verteilen, daß ein etwa 5 cm breites Moosband entsteht, das über den Rand hinausragt und ihn dadurch vollständig verdeckt.

2 Die flache Schale mit einem etwa 3 cm kleineren Durchmesser als das Tablett in die Mitte des Moosbetts stellen und mit frischem Wasser füllen.

3 Die Salatblätter gleichmäßig über den Rand der Schale verteilen, wobei die Blattstiele zur Mitte weisen sollen. Dann die Zwischenräume mit den Blättern des Purpurglöckchens auffüllen.

4 Die Stiele der Nieswurz auf etwa 1 cm Länge kürzen und die Blüten zusammen mit einigen grünen Nieswurzblättern in der Schale arrangieren.

5 Sobald die Schale mit frischen Blüten gefüllt ist, das Arrangement von allen Seiten sorgfältig überprüfen. Dabei darauf achten, daß die Blüten einander nicht überlappen und gegebenenfalls korrigieren.

ABWANDLUNG

Auch diese Variation des frühlingshaften Nieswurz-Tellers entstand aus Blüten und Blättern in einem Moosbett. Allerdings wurden hier Orchideen, Efeu und Purpurglöckchenblätter verwendet. Orchideen sind zwar relativ teuer, aber Sie benötigen nur einen einzigen Stiel mit fünf Blüten. Sie können aber auch andere Blütentriebe mit großen Blüten nehmen (z. B. Gladiolen), die bereits am Abblühen sind, dann die noch besten Blumen heraussuchen und den Rest wegwerfen.

Rund und kuppelförmig: Herbstliches Tischgesteck

PFLANZEN
5–6 Bergenienblätter (*Bergenia*)
1 Rote Muskateller-Weintrauben
5–6 Begonienblätter (*Begonia*)
4–5 Lilien (z. B. *Lilium* 'Journey's End')
6–8 Nerinen (*Nerine bowdenii*)
5–6 Litchis
5–6 Erdbeeren
2–3 große rote Äpfel
2–3 kleine rote Äpfel

Runde, kuppelförmige Arrangements eignen sich hervorragend als Tischschmuck für eine festlich gedeckte Tafel, da sie zwar von allen Seiten betrachtet werden können, aber die Sicht der Gäste nicht behindern. Das Geheimnis besteht darin, das Gesteck so anzufertigen, daß es in der Mitte etwa halb so hoch wie breit ist; wenn man es zusätzlich auf einen Ständer stellt (so wie hier), wirkt es noch beeindruckender. Am besten überprüfen Sie die gleichmäßige Verteilung des Pflanzenmaterials mit Hilfe eines Kabaretts, das Sie hin und her drehen können. Und verzichten Sie auf eine zu streng symmetrische Anordnung: Bei dem hier gezeigten Gesteck ergießen sich die Trauben über den Rand des Ständers und lockern die strengen Konturen etwas auf.

Die Grundform dieses herbstlichen Arrangements besteht aus großen Begonien- und Bergenienblättern, während die Blüten – wächserne, exotisch anmutende Lilien und Nerinen – der Komposition eine ausdrucksstarke, skulpturale Note verleihen. Zum Schluß wurden frische Früchte, deren sanft gerundete Formen die Konturen des Gestecks noch einmal aufnehmen, in der Mitte rund um die Steckmasse zu einer wohlgerundeten Kuppelform aufgehäuft.

RECHTS: *Dieses Arrangement soll von allen Seiten betrachtet werden können. Am besten drehen Sie es hin und her, um eventuelle Lücken im Gesteck mit weiteren Pflanzen aufzufüllen. Denken Sie an die Proportionen, damit das Arrangement nicht zu hoch wird.*

MATERIALIEN
1 kleiner Block Steckmasse
Pinholder (Steckmassenhalter)
Klebekitt
Tortenständer, Durchmesser 23 cm

Schritt-für-Schritt-Anleitung

Siehe auch: Die Bedeutung natürlicher Formen (Seite 32 – 33); Blattwerk im Blickpunkt (Seite 36 – 37); Blüten- und Blattformen (Seite 46 – 47); Runde Arrangements (Seite 48 – 49).

1 Die Steckmasse in frischem Wasser einweichen (siehe Seite 20). Den Pinholder mit Klebekitt etwas außerhalb des Mittelpunktes auf dem Tortenständer befestigen und die Steckmasse fest auf die hochragenden Zacken des Pinholders drücken.

2 Die Bergenienblätter so in die Steckmasse stecken, daß eine in etwa dreieckige Grundform entsteht; dabei ein Blatt von oben – etwas seitlich versetzt – in die Masse schieben und je ein weiteres Blatt in die Mitte der beiden Schmalseiten stecken.

3 Die Trauben im vorderen Bereich des Arrangements plazieren, so daß sie locker über den Rand des Tortenständers hängen. Dann die Begonienblätter zwischen die Bergenienblätter stecken; dabei eine runde Grundform anstreben.

4 Die Lilien an das Gesteck halten, um die benötigte Stiellänge abzuschätzen, und entsprechend einkürzen. Dann die Blüten von oben und von den Seiten in die Steckmasse stecken, so daß eine leichte Bogenform entsteht.

ABWANDLUNG

Für ein besonders frisches Sommergesteck können Sie auch Blüten und Früchte der Jahreszeit in aufsehenerregenden Grün- und Goldschattierungen verwenden.

5 Alle Lücken im Arrangement mit Nerinen auffüllen. Die Früchte unterhalb der Bergenien- und Begonienblätter gleichmäßig auf dem Tortenständer verteilen.

6 Das Gesteck von allen Seiten sorgfältig auf eventuelle Lücken überprüfen und gegebenenfalls mit weiteren Blüten oder Blättern auffüllen, um ein ausgewogenes Arrangement zu erzielen.

Flach und fächerförmig: Wintergesteck für den Kaminsims

PFLANZEN UND MATERIALIEN
2 Pinholder (Steckmassenhalter)
Steckmassentablett
Klebekitt
1 Block Steckmasse
Floristenklebeband
6 – 8 große Magnolienzweige (*Magnolia grandiflora*)
15 – 20 Zweige Hartriegel (*Cornus*)
6 – 8 große Zweige buntlaubige Stechpalme (*Ilex*)
4 – 5 große Mahonienzweige (*Mahonia*)
12 rote Rosen (z. B. *Rosa* ›Nicole‹)
6 – 8 Triebe einer roten, exotischen Orchidee

Da flache Arrangements sich im allgemeinen durch eine geringe Tiefe auszeichnen, eignen sie sich besonders als Schmuck für ein schmales Regalbrett oder einen Kaminsims. Die Grundform dieses Gestecks bilden verschiedene Blätter, die mit leuchtenden Blüten in kräftigen, kontrastierenden Farben aufgefüllt wurden, während Hartriegel und Orchideen im hinteren und seitlichen Bereich die harten Konturen auflockern. Dieses Arrangement enthält eine Fülle unterschiedlicher Oberflächenstrukturen: Die zarten Blütenblätter der Rosen kontrastieren mit den gezackten Stechpalmenblättern, während sich das glatte, glänzende Laub der Magnolie deutlich von den knorrigen Zweigen des Hartriegels abhebt. Die meisten der verwendeten Pflanzen sind relativ lange haltbar; falls die Blüten jedoch vor den Blättern verwelken, ersetzen Sie sie einfach durch frische.

Eine horizontalere Fächerform (die sich für eine Kommode oder ein Sideboard eignet) erreichen Sie, indem Sie den Mittelteil des Gestecks etwas niedriger halten und an den Seiten des Arrangements Pflanzen mit längeren Stielen verwenden. Achten Sie auf ausgewogene Proportionen: Bei einer niedrigen Fächerform sollte das Arrangement etwa dreimal so breit wie hoch sein.

RECHTS: *Da dieses Arrangement von vorne betrachtet werden soll, müssen Sie sich keine Gedanken um die Rückseite und die Seiten machen. Durch das Auflockern der Konturen mit Hilfe von Hartriegelzweigen wird verhindert, daß die Fächerform einen zu strengen Gesamteindruck hinterläßt.*

Vorbereitung der Steckunterlage

Die Steckmasse etwa eine Stunde in Wasser einweichen und anschließend fest an dem Steckmassentablett befestigen, um eine stabile Steckunterlage für die Blüten zu erzielen.

1 Für einen festen Halt der Steckmasse die Pinholder mit Klebekitt auf das Steckmassentablett kleben.

2 Die eingeweichte Steckmasse fest auf die Zacken der Pinholder drücken. Dann Floristenklebeband mehrfach um die Steckmasse und das Tablett winden, so daß die Masse nicht mehr verrutschen kann.

Schritt-für-Schritt-Anleitung

Siehe auch: Steckhilfen (Seite 20–21); Blumen vorbereiten (Seite 24–25); Blattwerk im Blickpunkt (Seite 36–37); Flache Arrangements (Seite 50–51).

1 Einen Magnolienzweig von oben und je zwei Zweige seitlich in die Steckmasse stecken. Die Hartriegelzweige auf die doppelte Länge der Magnolienzweige einkürzen und im hinteren Bereich des Arrangements fächerförmig in die Steckmasse stecken.

2 Die Stechpalmenzweige auf die Länge der Magnolienzweige zurechtschneiden und von oben sowie seitlich in die Steckmasse stecken; dann im vorderen Bereich mehrere kurze Stechpalmenzweige plazieren.

ABWANDLUNG

Eine sommerliche Variante des Kaminsimsgestecks erzielen Sie, wenn Sie die Rosen und Orchideen durch Osterlilien, Lisianthus, Astern und Leimkraut ersetzen und die Magnolien- und Stechpalmenzweige durch Funkien-Blätter, Wolfsmilch, Perückenstrauch und Hartriegel.

3 *Die Mahonienzweige gleichmäßig über die Mitte und die Seiten des Arrangements verteilen; dabei der Fächerform folgen. Anschließend einige kürzere Mahonienzweige im unteren Bereich in die Steckmasse stecken, um den unteren Rand etwas aufzulockern.*

4 *Die Rosen und Orchideen auf gleiche Länge kürzen und gleichmäßig über die Mitte und die Seiten des Gestecks verteilen. Dabei auf eine ausgewogene Verteilung der Farben achten.*

Farbe

Die auffälligste und eindrucksvollste Eigenschaft von Blüten und Blättern ist ihre Farbe. Dunkle Farben wirken unauffälliger, helle Farben heben bestimmte Punkte hervor, und sehr intensive oder sehr blasse Farbflächen können als Blickfang eines Blumenarrangements dienen. Dieses Kapitel führt in die Prinzipien der Farbenlehre ein und zeigt, wie man interessante und aufsehenerregende Farbkombinationen zusammenstellt. Im folgenden werden verschiedene Blumen anschaulich nach Farben aufgelistet, um Ihnen bei der Auswahl der Materialien für Ihre eigenen Farbzusammenstellungen zu helfen.

Weiß und Grün

Weiß und Grün zählen zu den dezenteren Blumen- und Blattfarben. Mit diesen Farbtönen können Sie sehr gut andere, intensivere Farbtöne herausstellen. Allein und ohne andere Farben eingesetzt, ergeben sie eindrucksvolle, fast monochrome Arrangements. Die hier ausgewählten weißen und grünen Blüten und Blätter finden häufig in Blumenarrangements Verwendung.

Gemeiner Schneeball (Viburnum opulus)
Efeu (Hedera hibernica 'Deltoidea')
Immergrüner Schneeball (Viburnum tinus)
Anemone (Anemone)
Spierstrauch (Spiraea × arguta)
Leimkraut (Silene fimbriata)
Wiesenkerbel (Anthriscus sylvestris)
Strauchveronika (Hebe pinguifolia)
Rose (Rosa rugosa 'Alba')
Flieder (Syringa)
Wollziest (Stachys byzantina)
Pelargonie (Pelargonium)
Silberwinde (Convolvulus cneorum)

Gelb und Orange

Gelb und Orange gehören zu den warmen Tönen des Farbspektrums. Man kann sie gut mit Blau kombinieren und auf diese Weise sehr eindrucksvolle Farbkontraste erzielen. Wenn Sie ein weiches, harmonisches Arrangement anfertigen wollen, setzen Sie nur eine warme Farbe ein – etwa eine gelbe Blüte mit einem oder verschiedenen Weiß- und Grüntönen. Die hier ausgewählten gelben und orangefarbenen Blumen finden häufig in Blumenarrangements Verwendung.

Akazie, »Mimose« (*Acacia*)
Alstroemerie (*Alstroemeria*)
Mahonie (*Mahonia aquifolium*)
Taglilie (*Hemerocallis*)
Forsythie (*Forsythia* × *intermedia* 'Spectabilis')
Chrysantheme (*Chrysanthemum*)
Lilie (*Lilium*)
Chrysantheme (*Chrysanthemum*)
Sonnenblume (*Helianthus*)
Chrysantheme (*Chrysanthemum*)
Nelke (*Dianthus*)
Gartenrose (*Rosa*)
Lilie (*Lilium*)

Rot und Rosa

Rot und Rosa zählen zu den wärmsten Tönen des Farbspektrums. Wenn sich ein Hauch Blau in ihnen findet, harmonieren diese beiden Farben sehr gut mit blauen und violetten Blüten, während Rot- und Rosaschattierungen mit etwas Gelb sehr gut zu gelben Blumen passen. Auch Kombinationen mit Blaurosa, Violett und Weiß können sehr eindrucksvoll wirken, ebenso wie gewagtere Kompositionen aus Rottönen, Blau und Violett. Die hier ausgewählten roten und rosafarbenen Blumen finden häufig in Blumenarrangements Verwendung.

Tulpe
(*Tulipa*)
Lisianthus
(*Eustoma grandiflorum*)
Hyazinthe
(*Hyacinthus*)
Nieswurz
(*Helleborus-Hybride*)
Weide
(*Salix*)
Akelei (*Aquilegia*)
Zwergbuschrose
(*Rosa* 'De Meaux')
Kamelie
(*Camellia*)
Akelei (*Aquilegia*)
Südseemyrte
(*Leptospermum*)
Pelargonie
(*Pelargonium*)
Pfingstrose
(*Paeonia*)

Violett und Blau

Violett und Blau gehören zu den kühleren Tönen des Farbspektrums. Prinzipiell sind sie einfach zu verwenden: Man kann sie gut mit anderen Farben kombinieren, indem man entweder Farbkontraste (Blau mit Orange) oder Farbharmonien (Blau mit Rosa) erzeugt. Die Farbe Blau neigt dazu, optisch zurückzutreten – erst durch die Kombination mit Weiß oder Mattgelb in einem Arrangement treten die Kontraste stärker heraus, so daß das Blau besser zur Geltung kommt. Die hier ausgewählten violettfarbenen und blauen Blumen finden häufig in Blumenarrangements Verwendung.

Kaukasus-vergißmeinnicht (*Brunnera macrophylla*)
Schwertlilie (*Iris*)
Hyazinthe (*Hyacinthus orientalis*)
Hasenglöckchen (*Hyacinthoides non-scripta*)
Gartenstiefmütterchen (*Viola*-Wittrockiana-*Hybride*)
Rittersporn (*Delphinium*-Belladonna-Hybride 'Blue Bees')
Katzenminze (*Nepeta nervosa*)
Storchschnabel (*Geranium* 'Johnson's Blue')
Günsel (*Ajuga*)
Eisenhut (*Aconitum*)
Katzenminze (*Nepeta* × *faassenii*)

Kühle Farben: Frühlingsschale

PFLANZEN UND MATERIALIEN
Maschendraht, Maschenweite 2,5 cm
Bindedraht
Große, flache Porzellanschale
25–30 beblätterte Zweige Greiskraut (*Senecio* 'Sunshine')
3–4 Bund Anemonen (*Anemone*)
15–20 Zweige Beinwell (*Symphytum grandiflorum*)
10–12 Zweige Kaukasusvergißmeinnicht (*Brunnera macrophylla*)

Arrangements mit einem hohen Blau-Anteil schaffen eine ruhige, friedliche Atmosphäre. Bei diesem Beispiel wirkt das prächtige Blau der Anemonenblüten kühl, während das blaßblaue Kaukasusvergißmeinnicht und die zarten, weißen Beinwellblüten den Gesamteindruck dämpfen und das Farbschema etwas aufhellen. Die silbergrauen Greiskraut-Blätter bilden einen zarten Hintergrund. Das gesamte Gesteck – in einer Porzellanschale arrangiert, die die Farben der Blüten widerspiegelt – wirkt harmonisch und erfrischend.

Die Verwendung einer begrenzten Farbpalette verstärkt die Ausdruckskraft des Arrangements ebenso wie die Kombination zahlreicher Blütenköpfe auf einer Höhe, wodurch sich ein durchgehender Blütenteppich auf einer Ebene ergibt. Eine ähnlich kühle Blautönung bieten eisblaue Schwertlilien, dunkelblauer Rittersporn, stahlblaue Kornblumen und blaßblauer Gartenrittersporn.

RECHTS: *Die runde, niedrige Form dieses Arrangements eignet sich besonders für Anemonen, da es die Aufmerksamkeit auf die leuchtenden Farben der Blüten lenkt und deren gedrehte Stengel geschickt kaschiert.*

Vorbereitung der Steckhilfe

Als Steckhilfe für dieses Arrangement dient ein Stück Maschendraht, das in der Schale fixiert wird, um den Blumen und Blättern festen Halt zu geben. Statt Maschendraht können Sie auch Steckmasse verwenden, obwohl dies zu einem etwas formaleren Gesteck führen würde.

1 *Den Maschendraht zu einer großen Kugel formen; dabei die scharfen Kanten nach innen biegen. Anschließend die Kugel in die Porzellanschüssel legen und in der Mitte etwas hochziehen, so daß eine leichte Kuppelform entsteht.*

2 *Den Maschendraht in der Schüssel fixieren: An einer Seite der Kugel Bindedraht befestigen, den Draht unter der Schüssel hindurchführen und auf der gegenüberliegenden Seite festknoten.*

3 *Frisches kaltes Wasser in die Schüssel gießen, bis sie etwa zu drei Vierteln gefüllt ist.*

Schritt-für-Schritt-Anleitung

Siehe auch: Steckhilfen (Seite 20 – 21); Blumen vorbereiten (Seite 22 – 23); Die Bedeutung natürlicher Formen (Seite 32 – 33); Die Wirkung von Gefäßformen (Seite 38 – 39); Runde Arrangements (Seite 48 – 49); Violett und Blau (Seite 72 – 73).

1 *Die Greiskraut-Zweige auf etwa 15 cm Länge kürzen und alle unteren Blätter entfernen. Die Zweige gleichmäßig entlang des Schüsselrands verteilen, so daß ein Kragen aus Blättern entsteht.*

2 *Die restlichen Greiskraut-Zweige so über das Arrangement verteilen, daß eine leichte Kuppelform entsteht. Die Zweige dienen als dichter Untergrund für die Blumen und kaschieren die Steckunterlage aus Maschendraht.*

3 *Die Anemonen so weit kürzen, daß die Stiele nach dem Arrangieren noch aufrecht stehen bleiben, und danach zwischen die Greiskraut-Zweige schieben. Die Blüten sollten nach oben weisen und von allen Seiten sichtbar sein.*

ABWANDLUNG

Wenn Sie das kühle blaue Farbschema beibehalten wollen, aber nicht über die auf Seite 74 gezeigten Blumen verfügen, verwenden Sie stattdessen blauviolette Stiefmütterchen und Hasenglöckchen vor einem Hintergrund aus weißen Apfelblüten und den Blättern der Orangenblume (unten links), oder kombinieren Sie blaue Iris und weiße Tulpen mit tiefgrünen Schneeball-Blättern (unten rechts).

4 *Die restlichen Anemonen gleichmäßig über das Arrangement verteilen, so daß ein harmonisches Bild entsteht – in diesem Falle wurden etwa 24 Blüten benötigt.*

5 *Alle unteren Blätter des Beinwell entfernen, die Stiele an das Arrangement halten, um die benötigte Länge abzuschätzen, und entsprechend kürzen. Dann den Beinwell gleichmäßig über das Arrangement verteilen, so daß das Gesteck etwas heller wirkt.*

6 *Zum Schluß mit den Brunnera-Blüten in Zweier- oder Dreiergruppen eventuelle Lücken auffüllen. Die Form und Struktur dieser Blume ergibt einen reizvollen Kontrast zu den dominanten Anemonen und verleiht dem Arrangement ein zartes, luftiges Flair.*

Warme Farben: Gefüllter Herbstkorb

Pflanzen und Materialien

- Steckmasse
- Weidenkorb, mit Kunststoffschutz
- 12 Birkenzweige (*Betula*)
- Moos
- 12 große Zweige Spindelstrauch (*Euonymus fortunei* 'Emerald 'n Gold')
- 2 Bund Ringelblumen (*Calendula*)
- 2 Bund Chrysanthemen (*Chrysanthemum*)

Rostrot, Gold, Orange, Rot und Dunkelrosa bilden die »warmen« Töne des Farbspektrums und erzeugen ein Gefühl von Wärme und Gemütlichkeit. Viele Spätsommer- und Herbstblumen, darunter auch die in diesem Arrangement verwendeten Chrysanthemen und Ringelblumen, sind in Farbschattierungen aus diesem warmen Bereich des Farbspektrums erhältlich. Um Ihre warmen Arrangements etwas vielfältiger zu gestalten, können Sie goldfarbenes und rostrotes Blattwerk ebenso verwenden wie die Beeren und Früchte des Herbstes. Die meisten dieser warmen Farben lassen sich sehr gut miteinander kombinieren, aber dieser Gesamteindruck kann leicht verblassen, wenn man dem Gesteck reines Weiß oder Pastelltöne hinzufügt.

Gefäße für warme Arrangements sollten farblich ebenfalls aus dem warmen Bereich des Farbspektrums stammen: ideal wären Weidenkörbe, Krüge aus Steingut, Holzeimer oder Terrakottatöpfe. Auch Kupfer- und Messingeimer bzw. -kannen kommen in Frage; außerdem würden sie das Arrangement um eine leicht kontrastierende, glänzende Oberfläche bereichern.

Rechts: *Diesen leuchtenden Korb voller Blumen in Bronze- und Rosttönen stellt man am besten auf eine Oberfläche, die seine warmen Farben noch betont, wie etwa ein polierter Holztisch.*

Den Korb anfertigen

Körbe mit großen Handgriffen sind zwar überall erhältlich, aber mit ein paar Birkenzweigen können Sie für jeden Weidenkorb einen dekorativen Handgriff auch selbst anfertigen. Allerdings eignen sich solche Griffe nicht zum Tragen des Arrangements.

1 Die Steckmasse gründlich einweichen, abtropfen lassen und fest in den Korb einpassen, so daß eine feste Unterlage entsteht. Die Masse sollte 2,5 cm über den Rand hinausragen.

2 Die Hälfte der Birkenzweige zusammenfassen und mit elastischem Band zusammenbinden. Dann die Zweigenden zwischen Korb und Steckmasse schieben und die Zweige umeinander drehen.

3 Schritt 2 mit den restlichen Birkenzweigen auf der anderen Seite des Korbes wiederholen; dann die freien Enden verdrehen, an der Bindestelle zusammenbinden und die überstehenden Enden zwischen die Zweige stecken.

Schritt-für-Schritt-Anleitung

Siehe auch: Gefäße (Seite 16–17); Blattwerk im Blickpunkt (Seite 36–37); Die Wirkung von Gefäßformen (Seite 38–39); Gelb und Orange (Seite 68–69).

1 Den Rand des Korbes gleichmäßig rundum mit Moos bedecken. Dadurch wird sichergestellt, daß die Steckmasse beim fertigen Arrangement nicht mehr zu sehen ist.

2 Die Spindelstrauch-Zweige gleichmäßig, aber nicht zu dicht um den Korbrand verteilen, so daß ein Hintergrund für die Blumen entsteht. Die Gold- und Rottöne der Blätter spiegeln die warmen Farben der Ringelblumen und Chrysanthemen wider.

ABWANDLUNG

Wenn Sie im Frühjahr ein ähnliches Arrangement anfertigen wollen, können Sie die Chrysanthemen durch Narzissen mit orangefarbenen Krönchen ersetzen. Die cremeweißen Blütenblätter lassen das Gesteck etwas heller und frischer erscheinen, aber der warme Gesamteindruck bleibt erhalten.

3 *Einige kürzere Spindelstrauch-Zweige über das Moos am Korbrand verteilen; dann die Ringelblumen in die Steckmasse schieben, wobei die größten Exemplare in die Mitte und die kleinsten an den Rand des Gestecks plaziert werden.*

4 *Die Chrysanthemen zwischen den Ringelblumen verteilen; dabei sollten einige kleinere Chrysanthemen an den Seiten des Korbes festgesteckt werden.*

5 *Das Arrangement von allen Seiten sorgfältig auf eventuelle Lücken überprüfen und darauf achten, daß die Formen und Farben ein harmonisches Ganzes ergeben.*

Ton in Ton: Harmonischer Sommerkrug

PFLANZEN UND MATERIALIEN
Krug, Höhe etwa 20 cm
Maschendraht
3–4 Funkienblätter (*Hosta fortunei* und *Hosta fortunei* 'Aureomarginata')
3–4 Zweige Hainbuche (*Carpinus*)
1–2 Zweige Henne mit Küken (*Tolmiea menziesii;* Blätter und Blüten)
2 Zweige Wolfsmilch (*Euphorbia polychroma*)
2 weiße Waldrebenblüten wie etwa *Clematis* 'Wada's Primrose'
2–3 gelbe Rosen wie etwa *Rosa* 'Maigold'
1–2 Köpfe Dill (*Anethum graveolens*)

Eine der besten Möglichkeiten zur einheitlichen Gestaltung eines Arrangements besteht in der Verwendung einer begrenzten Palette von Farben, die alle aus dem gleichen Bereich des Farbspektrums stammen – wie etwa Gelb, Grün und Blau oder Rosa, Violett und Blau. Sie können intensivere oder blassere Schattierungen der jeweiligen Farbpalette benutzen, um Ihr Arrangement heller oder dunkler zu gestalten; auf diese Weise verleihen Sie Ihrer Komposition ähnlich viel Substanz wie durch die Verwendung kontrastierender Oberflächenstrukturen (siehe Seite 92–95) oder Blütenformen (siehe Seite 46-47). Dennoch sollten Sie darauf achten, den Gegensatz zwischen hellen und dunklen Farbschattierungen nicht zu groß werden zu lassen, da Ihr Arrangement sonst zerstückelt erscheint. Wenn Sie den Gesamteindruck Ihres Gestecks aufhellen wollen, fügen Sie weiße, silbrige und cremefarbene Blumen und Blätter hinzu. Kräftige Farben – leuchtende Rot-, Orange- oder Rosatöne – kommen dagegen in kontrastfarbenen Arrangements besser zur Geltung (siehe Seite 86–89).

RECHTS: *Die sanften Gelbschattierungen ergeben zusammen mit den dunklen und hellen Grüntönen eine Farbharmonie, die den Betrachter unwiderstehlich anzieht. Einige weiße Blüten lassen das Arrangement noch heiterer und sommerlicher erscheinen, ohne das eigentliche Farbschema zu durchbrechen.*

Schritt-für-Schritt-Anleitung

Siehe auch: Die Haltbarkeit verlängern (Seite 22–23); Blumen vorbereiten (Seite 24–25); Die Bedeutung natürlicher Formen (Seite 32–33); Blattwerk im Blickpunkt (Seite 36–37); Weiß und Grün (Seite 66–67).

1 *Den Maschendraht zu einer Kugel zusammendrücken und diese so weit in den Hals des Kruges schieben, bis sie unterhalb des Randes gut festsitzt.*

2 *Die Funkien- und Hainbuchenblätter gleichmäßig rund um den Rand des Kruges verteilen und nach außen auffächern, so daß ein Kranz aus Blättern entsteht.*

3 *Anschließend die Henne-mit-Küken- und Wolfsmilch-Zweige in die Mitte des Maschendrahts stecken; dabei darauf achten, daß sie den Rand aus Funkien- und Hainbuchenblättern überragen.*

4 *Rosenstiele mit dem Hammer weichklopfen (siehe Seite 22) und in den Krug stecken. An diesem Punkt besteht das Arrangement aus verschiedenen Farbschattierungen zweier miteinander harmonierender Farben – Gelb und Grün.*

ABWANDLUNG

Diese Version basiert ebenfalls auf dem Ton-in-Ton-Prinzip und zeigt eine etwas dunklere Farbpalette aus Blaugrün-, Rosa-, Rotviolett- und Grüntönen.

5 Anschließend die Waldreben-Blüten in das Arrangement stecken und so plazieren, daß sie ein optisches Gleichgewicht zu den Rosenblüten bilden. Das Weiß der Clematis hellt den Gesamteindruck des Arrangements etwas auf.

6 Zum Schluß den Dill gleichmäßig über das Arrangement verteilen. Achten Sie einmal darauf, wie die aus dem gleichen Farbspektrum stammenden Grün- und Gelbtöne miteinander harmonieren.

Kontrastfarben: Leuchtender Sommerstrauß

Pflanzen und Materialien
Maschendraht, 15 cm langes Rechteck
Porzellankrug oder -vase
2 orangefarbene Lilien (*Lilium*)
3 scharlachrote Levkojen (*Matthiola incana*)
1 leuchtendrosa Pfingstrose (*Paeonia*)
3 großblütige rote Rosen (*Rosa*)
3 purpurfarbene Akelei (*Aquilegia*)
4 Ruhmeskronen (*Gloriosa superba*)
2 orangefarbene Gerbera (*Gerbera*)
2 gelbe Ringelblumen (*Calendula officinalis*)
4 rosa Rosen (*Rosa*)

Kräftige, lebendige Farben lassen sich zu faszinierenden Arrangements in leuchtenden Farbtönen kombinieren. Die größte Wirkung erzielen Sie mit Farben, die im Farbspektrum sehr eng beieinander liegen – entweder warme Töne wie Orange, Rosa und Scharlachrot oder kühle Töne wie Blau und Violett. Am besten verwenden Sie Blumen mit großen Blüten, damit die Farben richtig zur Geltung kommen: Gerbera, Rosen, Pfingstrosen, Lilien, Rittersporn und Levkojen mit ihren großen Blüten bzw. Blütenständen eignen sich hervorragend für diesen Zweck. Und mit Hilfe ein oder zweier zarter Blüten – wie etwa Akelei, Freesien oder Gartenwicke – erzielen Sie einen zusätzlichen Kontrast in der Struktur und Form und lockern außerdem die Konturen der massiven Blütenformen etwas auf.

Bei diesem Arrangement wurden Schnitt- und Gartenblumen zu einem üppigen, natürlich anmutenden Strauß kombiniert. Der hübsche blauweiße Krug bildet den perfekten Rahmen für dieses Arrangement, da seine kühleren Farben die aufsehenerregenden Blüten schön hervorheben.

Rechts: *Bei diesem Arrangement wurden feurige Rot-, brennende Orange- und leuchtende Rosatöne zu einem leuchtenden Farbenspiel zusammengestellt, das vor der gelben Wand besonders gut zur Geltung kommt. Die blaßrosa Blüten rund um den Rand des Kruges bilden einen dämpfenden Rahmen für das Gesteck und schwächen den Kontrast zwischen dem kühlen Blau und Weiß des Gefäßes und den leuchtenden, auffälligen Farben der Blüten etwas ab.*

Schritt-für-Schritt-Anleitung

Siehe auch: Steckhilfen (Seite 20–21); Blumen vorbereiten (Seite 24–25); Die Bedeutung natürlicher Formen (Seite 32–33); Gelb und Orange (Seite 68–69); Rot und Rosa (Seite 70–71).

1 *Den Maschendraht zu einer Kugel formen, in die Öffnung des Kruges drücken und fest einkeilen.*

2 *Die Stiele der orangefarbenen Lilien – das längste Element dieses Arrangements – etwa auf die doppelte Höhe des Kruges einkürzen und an den Seiten sowie in die Mitte in den Maschendraht stecken.*

3 *Die Stiele der Levkojen auf die Länge der Lilien kürzen und seitlich von den Lilien in der Nähe des Henkels und der Tülle plazieren.*

4 *Die Pfingstrosen in der Mitte des Arrangements unterhalb der Lilien und der Levkojen plazieren. Dann die großblütigen roten Rosen gleichmäßig, aber nicht zu symmetrisch über den Krug verteilen. Gerade der lockere, ungezwungene Stil macht den Charme dieses Arrangements aus.*

5 *Die Seiten des Straußes mit der grazilen, tiefvioletten Akelei und den Ruhmeskronen auffüllen, die dem Arrangement zusätzliche Höhe und Form verleihen.*

ABWANDLUNG

Für ein kontrastreiches Arrangement benötigen Sie Blumen in zumindest drei Kontrastfarben. Orange, Violett und Rot (unten rechts) ergeben eine augenfällige Farbkombination; wenn Sie etwas sanftere Farbabstufungen bevorzugen, könnten Sie Rot, Orange, Mauve und Rosa verwenden (unten links).

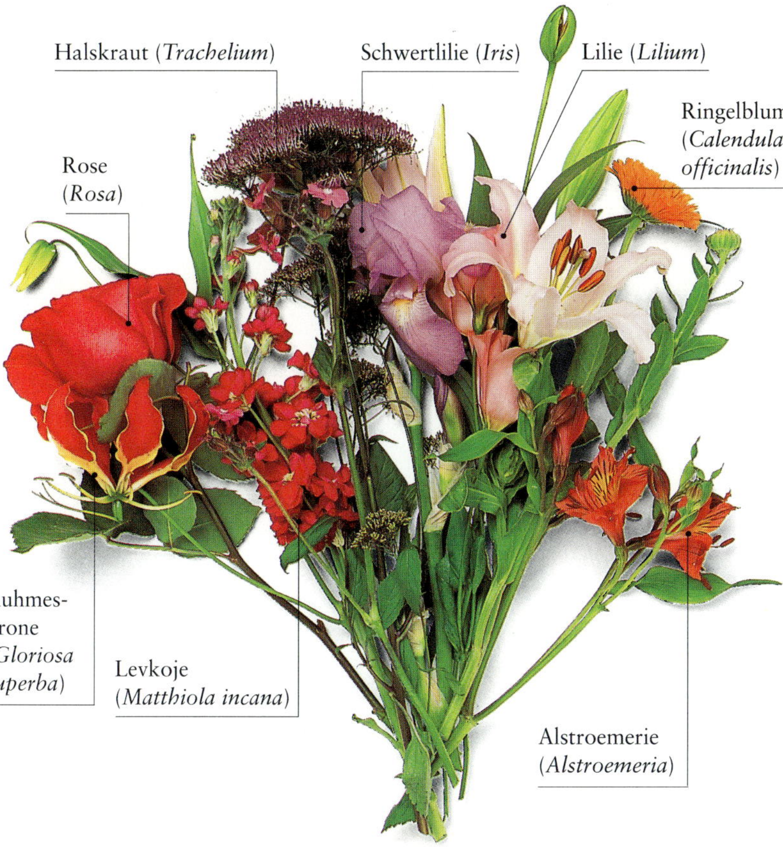

6 *Die leuchtend orangefarbenen Gerbera und die Ringelblumen zwischen die roten und rosa Blüten stecken, so daß eine lebendige Farbvielfalt entsteht.*

7 *Als Kontrast zu den dunkelroten Rosen die zartrosa Rosen über das Arrangement verteilen; dadurch wird auch der skulpturale Effekt erhöht.*

8 *Zum Schluß das Arrangement aus einigen Schritten Entfernung betrachten, eventuelle Lücken auffüllen und auf eine ausgewogene Verteilung der kräftigen Farben achten.*

Struktur

Die Struktur oder Textur, d. h. die Oberflächenbeschaffenheit der Pflanzenmaterialien, trägt entscheidend zur Wirkung eines Arrangements bei. Man sollte der Struktur besondere Aufmerksamkeit widmen, um einem Arrangement Tiefe und Substanz zu verleihen. Außerdem trägt der reizvolle Kontrast verschiedenartiger Strukturen – glatt und rauh oder matt und glänzend – entscheidend zur Ausdruckskraft und Qualität Ihrer Gestecke bei. Dieses Kapitel enthält eine Auswahl an Blättern, Blumen und Beeren, mit denen Sie Ihrem Arrangement Struktur verleihen können, und es zeigt Ihnen, wie Sie dieses Pflanzenmaterial am wirkungsvollsten kombinieren können.

Struktureffekte

Wenn Sie ein Arrangement planen, sollten Sie neben den Formen und Farben auch die Strukturen Ihrer Pflanzen sorgfältig berücksichtigen. Sie können gleichartige oder kontrastierende Strukturen miteinander kombinieren – je nach der Wirkung, die Sie erzielen möchten. Da Blätter (unten) das größte Spektrum an Struktureffekten bieten, sollten Sie sie so oft wie möglich verwenden, um einen Kontrast zu den Blumen in einem Gesteck zu erzielen (siehe gegenüberliegende Seite).

Weiche, flaumige Blätter

RECHTS: *Leicht filzige, flaumige oder silbrige Blätter eignen sich als Ergänzung zu zarten Blüten.*

Gefiederte Blätter

RECHTS: *Farne und schlanke Gräser erzeugen eine zarte, luftige Struktur in einem Arrangement.*

Stachelige, schlanke Blätter

RECHTS: *Spitze, stachelige oder gezähnte Blattränder, nadelartige Blätter und spitze ovale Formen eignen sich besonders als reizvoller Hintergrund für größere, weichere Blätter und Blüten.*

Glänzende, ledrige Blätter

RECHTS: *Glänzende, ledrige oder wächserne Blätter erzeugen Bereiche mit dichter Farbintensität, während der Glanz der Oberfläche die dunklen Farben optisch zusätzlich hervorhebt.*

Große, wächserne Blüten – kleine Knospen als Kontrast

RECHTS: *Wächserne Tulpen mit ihren glatten, länglichen Blättern bilden einen starken strukturellen Kontrast zu den runden Formen der Weidenkätzchen.*

Große, wächserne Blüten – Glanz und Form als Kontrast

RECHTS: *Glatte, wächserne Irisblüten kontrastieren mit den spitzen Blättern der Schwertlilie, den gefiederten Fruchtständen der Mahonien und den flachen, glänzenden Efeublättern.*

Zierliche Blüten – Glanz als Kontrast

RECHTS: *Die papierartigen Ranunkeln und die zarten Blüten des Gartenstiefmütterchens bilden einen reizvollen Kontrast zu den glänzenden Blättern der Orangenblume und den Beeren der Aralie.*

Zarte Blüten – Glanz und Größe als Kontrast

LINKS: *Große, glänzende Bergenien- und Skimmienblätter erzeugen in Kombination mit den Knospen der Skimmie einen attraktiven Kontrast zu den Anemonen und den Bergenienblüten.*

Strukturen durch die Jahreszeiten

Auf diesen beiden Seiten finden Sie einige ungewöhnliche Beispiele für Kontraste der Strukturen für jede Jahreszeit. Es lohnt sich, die Vielfalt der Blatt- und Beerenstrukturen genau zu studieren – besonders im Winter und im Frühjahr, wenn wenig Blütenmaterial zur Verfügung steht. Ohne die Vielfalt der Strukturen können Ihre Arrangements leicht fade und langweilig ausfallen.

Skimmie (*Skimmia*)

Rosmarin (*Rosmarinus officinalis*)

Buchsbaum (*Buxus sempervirens*)

Mahonie (*Mahonia*)

Mahonie (*Mahonia*)

Herbst

RECHTS: *Buntes Herbstlaub und glänzende Beeren können ungewöhnliche Strukturkontraste bilden. Hier wurden Mahonienblätter und Beeren der Skimmie mit Rosmarin und dem immergrünen Buchsbaumlaub kombiniert.*

Buntlaubige Stechpalme (*Ilex aquifolium*)

Birkenkätzchen (*Betula*)

Orchidee

Winter und Frühjahrsanfang

RECHTS: *Stachelige Stechpalmenblätter und Birkenkätzchen bilden einen eindrucksvollen Kontrast zu den zarten Blüten der Orchidee. Eine solche Kombination bietet sich für blütenarme Zeiten an.*

Frauenmantel (*Alchemilla mollis*)

Salbei (*Salvia officinalis* 'Purpurascens')

Sommer

RECHTS: *Die fedrigen Blütenstände des Frauenmantel erzeugen einen hellen, ätherischen Gegensatz zur dichten, filzigen Struktur der violetten Salbeiblätter.*

Hyanzinthe (*Hyancinthus*)

Haselkätzchen (*Corylus*)

Strauchveronika (*Hebe*)

Skimmie (*Skimmia japonica* 'Rubella')

Frühjahr

LINKS: *Die wächsernen Blütentrauben der Hyazinthe und die runden Knospen der Skimmie kontrastieren mit den unregelmäßig gezackten Formen der Haselkätzchen und den feinen Blättern der Strauchveronika.*

Spätes Frühjahr
LINKS: *Die weichen, flaumigen Blüten des weißen Flieder heben sich schön von den wächsernen Blättern des Eukalyptus ab.*

Sommer
RECHTS: *Die kleinen Blüten des Ginsters kontrastieren mit den filzigen, weichen, silbrigbehaarten Blättern des Greiskrauts.*

Sommer
RECHTS: *Zierliche Köpfchen des Mutterkrauts erzeugen einen hübschen Gegensatz zu den spitzen Blättern des Perlpfötchens.*

Sommer
RECHTS: *Runde, ledrige Kamelienblätter heben sich wunderschön von den schlanken, glänzenden Blättern der Sarcococca hookeriana ab.*

Spitz und stachlig: Winterlicher Blumenkübel

PFLANZEN

10–12 Zweige Scheinzypresse (*Chamaecyparis lawsoniana*)
2–4 Zweige Eibe (*Taxus baccata*)
6–8 Zweige Stechpalme (*Ilex*)
2 Zweige Mahonie (*Mahonia*)
2 Zweige Mahonie (*Mahonia*), mit roter Farbe besprüht
8 Chrysanthemen (*Chrysanthemum*)
10–12 Zweige roter Hartriegel (*Cornus alba* 'Sibirica')

Die Kontraste der Strukturen und Formen machen den besonderen Reiz dieses winterlichen Arrangement aus. Dabei bilden die unterschiedlichen Strukturen der Blätter und Blüten relativ ausgeprägte eigene Bereiche: Am Rand des Kübels ergeben weiche, fedrige Scheinzypressen- und Eibenwedel einen Kranz, der von einem Fächer aus stacheligen Mahonien- und Stechpalmenblättern überragt wird. In der Mitte des Arrangements sorgen Blumen mit weichen Blütenblättern für einen aufregenden strukturellen Kontrast, und darüber erheben sich die klaren Linien der Hartriegelzweige.

Um die Aufmerksamkeit auf die Struktur Ihres Arrangements zu lenken, sollten Sie dessen Farbpalette auf zwei oder drei Farbtöne begrenzen; das hier vorgestellte Gesteck wirkt mit seiner Kombination kräftiger Rot- und Grüntöne besonders festlich.

In den meisten Gärten findet man im Winter sehr viel immergrünes Laub. Efeublätter und -beeren, die Zweige von Nadelbäumen, Liguster und Buchsbaum eignen sich ebenso gut für ein winterliches Arrangement wie die hier verwendeten immergrünen Pflanzen.

RECHTS: *Schlanke Hartriegelzweige, stachelige Mahonien- und Stechpalmenblätter, weichwirkende Chrysanthemenblüten und fedrige Wedel von Scheinzypresse und Eibe ergeben ein Arrangement voller dramatischer struktureller Kontraste. Die runde Grundform dieses Kamingestecks sorgt für einen effektvollen Blickfang, dem die beiden wichtigsten Farben, Rot und Grün, ein warmes und festliches Erscheinungsbild verleihen.*

MATERIALIEN

Maschendraht
Großer Zierkübel
Innengefäß, Durchmesser 5 cm kleiner als der Kübel

Schritt-für-Schritt-Anleitung

Siehe auch: Steckhilfen (Seite 20–21); Die Haltbarkeit verlängern (Seite 22–23); Blattwerk im Blickpunkt (Seite 36–37); Struktureffekte (Seite 92–93); Strukturen durch die Jahreszeiten (Seite 94–95).

1 *Eine Kugel aus zusammengedrücktem Maschendraht in das Innengefäß schieben. Dann das Gefäß in den Kübel stellen und zu etwa drei Vierteln mit frischem kalten Wasser füllen.*

2 *Die Scheinzypressenzweige auf etwa 40 cm Länge kürzen und rund um den Rand des Gefäßes in den Maschendraht stecken, so daß ein breiter »Kragen« entsteht.*

3 *Die Eibenzweige auf 50 cm Länge kürzen und gleichmäßig über das Gefäß verteilen.*

4 *Die Stechpalmenzweige auf 50 cm Länge kürzen und auf beiden Seiten des Gefäßes zwischen den Eibenzweigen plazieren.*

5 *Die roten und grünen Mahonienzweige auf der Vorderseite und an beiden Seiten des Gefäßes anordnen und so arrangieren, daß das Gesteck eine Fächerform erhält.*

ABWANDLUNG

Eine ähnliche Version des hier vorgestellten Arrangements können Sie anfertigen, indem Sie die winterlichen Blätter, die Sie gerade zur Verfügung haben, mit tiefroten Schnittblumen kombinieren. Nadelbaumzapfen bilden ein ausdrucksstarkes Strukturelement, während sich Gerbera und langstielige Anemonen als weitere Blumen mit vielen weichen Blütenblättern anbieten.

6 *Die unteren Blätter der Chrysanthemen entfernen (siehe Seite 22) und die Blumen in einem breiten quer verlaufenden Band in der Mitte des Arrangements verteilen.*

7 *Die Hartriegelzweige auf der Rückseite des Arrangements verteilen; sie sollten das restliche Gesteck um etwa 25 cm überragen.*

Glänzend und matt: Frühlingshafte Narzissentöpfe

PFLANZEN UND MATERIALIEN
Tontopf, 15 cm hoch
Schwarzer Müllsack aus Plastik, zum Auskleiden
Moos
2 Bund kleinblütige Narzissen (z. B. *Narcissus* 'Soleil d'Or')

Auch wenn die Struktur bei diesem Arrangement nicht sofort als Gestaltungselement ins Auge fällt, spielt sie eine wichtige Rolle bei der optischen Wirkung der Gestecke. Die glänzenden, wächsernen Blüten bilden die erste strukturelle Einheit, gefolgt von den schlichten Rippen der Blütenstiele. Die rauhe, matte Oberfläche des Mooses ergibt den dritten, genau abgegrenzten strukturellen Bereich, und ganz unten bildet die glatte, harte, ebenfalls matte Oberfläche der Tontöpfe eine vierte Strukturebene. Frühlingsblumen besitzen in einem Blumenarrangement häufig keine besonders auffällige Struktur, aber Sie können eine ausdrucksstarke Komposition schaffen, indem Sie die einzelnen Elemente dicht zusammenstellen und als deutlich unterschiedliche strukturelle Bereiche anordnen. Als Alternative zu den Narzissen bieten sich Iris und Tulpen an, die ebenso klare, wächserne Blüten besitzen; ein noch schlichteres Arrangements erhalten Sie mit Margeriten oder – im Herbst – mit Chrysanthemen.

RECHTS: *Vier verschiedene Strukturen, in sauber getrennten horizontalen Ebenen arrangiert, verleihen diesem köstlich duftenden Arrangement seine gelungene skulpturale Wirkung.*

Schritt-für-Schritt-Anleitung

Siehe auch: Die Bedeutung natürlicher Formen (Seite 32 – 33); Die Wirkung von Gefäßformen (Seite 38 – 39); Struktureffekte (Seite 92 – 93); Strukturen durch die Jahreszeiten (Seite 94 – 95).

1 *Mit einigen kleinen Stückchen Moos oder Steckmasse das Loch im Boden des Blumentopfs abdecken.*

2 *Einen schwarzen Müllsack auf 20 cm Länge zurechtschneiden, den Topf damit auslegen und die Ränder über den Topfrand stülpen. Den ausgelegten Topf halb mit Wasser füllen. Alle Narzissenstiele auf gleiche Länge abschneiden; die Blumen sollten doppelt so hoch sein wie der Topf.*

3 *Die Narzissen in den Topf stellen; dann rund um die Stielenden Moos in den Topf drücken, bis die Stiele sicher stehenbleiben.*

4 *Wenn die Narzissen gut aufrecht stehen, werden die Ränder des Müllsacks in den Topf zurückgefaltet.*

5 *Den schwarzen Müllsack mit einem möglichst geraden und gleichmäßigen Kranz aus Moos kaschieren.*

ABWANDLUNG

Dieses sehr schlichte Arrangement aus Chrysanthemen in einem Tontopf erzielt seine Wirkung ebenfalls durch die unterschiedlichen Strukturebenen und die Schlichtheit der Farbpalette. Die Blütenköpfe bilden die erste Ebene aus klarer Farbe und weicher Struktur, die Blätter die nächste und der Tontopf die letzte, mit deutlich unterschiedlicher Oberflächenwirkung. Wie der Narzissentopf auf Seite 101 wirkt auch dieses Arrangement sehr natürlich und attraktiv.

Chrysantheme
(*Chrysanthemum*)

Sanft und zart: Oster-Tischgesteck

PFLANZEN

18 – 20 Zweige Immergrüner Schneeball (*Viburnum tinus*)
6 – 8 Zweige Spindelstrauch (*Euonymus fortunei* 'Emerald 'n Gold')
18 – 20 kleinblütige Narzissen (*Narcissus* 'Yellow Cheerfulness')
8 – 10 Blütenköpfe Gefüllter Schneeball (*Viburnum opulus*)
12 Stiele mit Aralien-Beeren (*Fatsia japonica*)
16 – 18 gelbe Primeln (*Primula*)
12 violette Gartenstiefmütterchen (*Viola*-Wittrockiana-*Hybride*)
1 – 2 Zweige Spierstrauch (*Spiraea* x *arguta*)
4 – 6 Zweige Kaukasusvergißmeinnicht (*Brunnera macrophylla*)

Die Blüten und Blätter dieses Tischgestecks besitzen alle die gleiche Oberflächenstruktur: sanft und weich. Auf diese Weise wirkt das Arrangement besonders harmonisch – ein nützlicher Tip, wenn Sie einmal mit vielen verschiedenen Pflanzenmaterialien arbeiten wollen. Aber man darf auch die Größe der einzelnen Pflanzenteile nicht außer acht lassen: Sämtliche hier verwendeten Blumen sind relativ klein, und kein Gestaltungselement dominiert über die anderen. Auch die Begrenzung der Farbpalette kann zur einheitlichen Wirkung eines Arrangements beitragen und die Aufmerksamkeit des Betrachters z. B. auf die kleinen, buntlaubigen Wachteleier in der Mitte lenken. Dennoch sollten Sie immer einige kontrastierende Elemente in Ihr Arrangement aufnehmen, was in diesem Fall durch einige unterschiedlich geformter Blüten geschah: Primeln, Stiefmütterchen und Narzissen mit klar definierten Blütenblättern ergeben zusammen mit den dichten Blütenköpfen des Schneeball, runden Aralien-Beeren und Zweigen mit winzigen *Brunnera*- und Spierstrauchblüten ein attraktives Frühlings-Tischgesteck.

RECHTS: *Eine Vielzahl kleinbütiger Frühlingspflanzen mit weichen Blütenblättern und sanften, gerundeten Konturen, die die Form des Gefäßes wider aufnehmen, verleihen diesem Arrangement Ausgewogenheit und Harmonie. Glänzende Blätter mit scharfgezähnten Rändern wie die der Stechpalme würden in einem solchen Gesteck aufdringlich wirken und die Wirkung der rundlichen Formen zerstören.*

MATERIAL

Ring aus Steckmasse, Durchmesser 35 cm
Quadrat aus Pappe oder Aluminiumfolie, Seitenlänge 40 cm
Filzstift und Floristenklebeband
Moos
Schokoladeneier, Wachteleier oder bemalte Eier

Die Steckhilfe anfertigen

Der Innenkreis des Steckmassenrings sollte mit Pappe oder Aluminiumfolie abgedeckt werden, um als Untergrund für das »Nest« in der Mitte des Arrangements zu dienen.

1 Den Steckmassenring mindestens 30 Minuten in Wasser einweichen, abtropfen lassen, anschließend auf ein Stück Pappe oder Aluminiumfolie legen und mit einem Stift die Konturen nachzeichnen.

2 Den Kreis aus Pappe oder Aluminiumfolie etwa 2 cm innerhalb der Markierung ausschneiden. Den ausgeschnittenen Kreis mit Floristenklebeband auf der Unterseite des Steckmassenrings festkleben.

Schritt-für-Schritt-Anleitung

Siehe auch: Steckhilfen (Seite 20 – 21); Blüten- und Blattformen (Seite 46 – 47); Runde Arrangements (Seite 48 – 49); Struktureffekte (Seite 92 – 93).

1 Den Immergrünen Schneeball in Zweige mit Blüten und Blättern aufteilen und die unteren Blätter entfernen. Die Blütenzweige in drei Gruppen gleichmäßig über die Steckmasse verteilen.

2 Die Schneeballblätter von außen in den Steckmassenring schieben und so arrangieren, daß ein asymmetrischer Rahmen entsteht.

3 Die buntlaubigen Spindelstrauch-Blätter in kleinen Gruppen in regelmäßigen Abständen über den Ring verteilen; sie bilden einen Kontrast zu den dunklen Schneeballblättern.

4 Die Narzissen in Gruppen zu 5 – 6 Blüten aufteilen und gleichmäßig über den Ring verteilen; sie bereichern das Arrangement um eine zusätzliche Form und Farbe.

5 Die zarten, runden, gefüllten Schneeballblüten möglichst dicht neben den Narzissen in die Steckmasse stecken.

ABWANDLUNG

Für eine herbstliche Variation dieses Arrangements ließe sich ähnlich strukturiertes Pflanzenmaterial in einer etwas anderen Farbpalette – Bronze, Gold und Grün – verwenden. Anstatt der Eier könnte man eine Auswahl von Nüssen in die Mitte des Gestecks legen.

6 *Die Aralien-Beeren in gleichmäßigen Abständen über das Arrangement verteilen und sowohl von oben als auch von den Seiten in die Steckmasse stecken.*

7 *Mit der Spitze eines Kugelschreibers in regelmäßigen Abständen vier Löcher in die Steckmasse drücken und diese Löcher mit kleinen Büscheln Primelblüten füllen.*

8 *Schritt 7 mit den Stiefmütterchen wiederholen; dann eventuelle Lücken mit weißem Spierstrauch und blauer* Brunnera *füllen. Zum Schluß das Innere des Rings mit Moos auslegen und darin ein Nest aus Eiern arrangieren.*

Duft

Wenngleich für das Auge nicht sichtbar, verleiht der Duft einem Blumen-Arrangement dennoch stets eine besondere Note. In diesem Kapitel stellen wir Ihnen eine Reihe wohlriechender Blumen und aromatischer Kräuter vor, die ebenso schön aussehen, wie sie duften, und verraten Ihnen, wie Sie diese am besten zu einem aromatischen Arrangement zusammenstellen. Die Vielfalt der vorgestellten Düfte reicht von der anregenden Würze der Kräuter über die intensive Süße des Flieder bis hin um betörend-schweren Geruch der Hyazinthen.

Duftende Pflanzen

Duft ist eine Eigenschaft, die man sowohl bei Blüten als auch bei Blättern findet. Dabei können Düfte stark variieren – von der berauschenden Schwere der Hyazinthen bis hin zum scharfen Geruch des Wermuts. Die auf diesen beiden Seiten vorgestellten Pflanzen eignen sich besonders für Blumenarrangements, weil sie angenehm duften und gleichzeitig attraktiv aussehen. Natürlich ist es eine Frage des persönlichen Geschmacks, ob man einen Duft angenehm findet oder nicht, doch wenn Sie aromatische Pflanzen in einem Arrangement verwenden, sollten sich deren Düfte ergänzen und nicht gegenseitig stören.

Flieder (*Syringa*)

Prachtlilie (*Lilium speciosum* 'Star Gazer')

Ginster (*Genista*)

Freesie (*Freesia*)

Rose (*Rosa* 'Fritz Nobis')

Rose (*Rosa rugosa* 'Alba')

Rose (*Rosa* 'Etoile de Hollande')

Rose (*Rosa* 'Gloire de Dijon')

Rose (*Rosa* 'Blessings')

Hyazinthe (*Hyacinthus*)

Akazie,
»Mimose«
(*Acacia*)
Kleinblütige Narzisse
(Narcissus)
Fleischbeere
(*Sarcococca hookeriana*)
Edelrose
(*Rosa*)
Duftpelargonie
(*Pelargonium graveolens* 'Lady Plymouth')
Pelargonie
(*Pelargonium*)
Immergrüner Schneeball
(*Viburnum tinus*)
Osterlilie
(*Lilium longiflorum*)
Wermut
(*Artemisia*)
Zierapfel
(*Malus*)
Brautmyrte
(*Myrtus communis*)
Orangenblume
(*Choisya ternata*)
Gartenwicke
(*Lathyrus odoratus*)
Nelke (*Dianthus*)
Geißblatt
(*Lonicera*)

Aromatische Kräuter

Kräuter werden seit Jahrhunderten für ihre aromatischen und heilenden Eigenschaften geschätzt. Sie eignen sich hervorragend als Ergänzung eines Blumenarrangements – entweder als eigenständiges, altmodisches kleines Kräutersträußchen oder als duftende, würzige Beigabe zu einem Schnittblumenarrangement. Auf diesen beiden Seiten stellen wir Ihnen einige der beliebtesten Kräuter vor. Bei der Verwendung von Kräutern in einem Arrangement sollten Sie stets darauf achten, diese zuerst gründlich vorzubereiten (siehe Seite 22), da die weichstieligen Pflanzen sonst schnell welken.

Perlpfötchen (*Anaphalis*)

Salbei (*Salvia officinalis* 'Prostratus')

Salbei (*Salvia officinalis* 'Purpurascens')

Rosmarin (*Rosmarinus officinalis*)

Zitronenthymian (*Thymus* x *citriodorus*)

Buntlaubiger Gartensalbei (*Salvia officinalis* 'Icterina')

Katzenminze
(*Nepeta*)
Lavendel
(*Lavandula*)
Fenchel
(*Foeniculum vulgare*)
Frauenmantel
(*Alchemilla mollis*)
Schnittlauch
(*Allium schoenoprasum*)
Rundblättrige Minze
(*Mentha suaveolens* 'Variegata')
Thymian
(*Thymus praecox*)

Süß und leicht: Fliederkrug

PFLANZEN UND MATERIALIEN
Maschendraht, Länge 30 cm
Großer Keramikkrug
6 – 8 Zweige Flieder (*Syringa vulgaris*)
3 – 4 Zweige Orangenblume (*Choisya ternata*)
6 – 8 Wiesenkerbel (*Anthriscus sylvestris*)
3 – 4 Zweige rosa Zierkirschen (*Prunus*)
7 weiße Tulpen (*Tulipa* 'White Triumphator')

Mit seinem unverkennbaren, süßen Duft gehört Flieder zu den beliebtesten Duftpflanzen für die Wohnung. Er kommt besonders in schlichten, natürlich erscheinenden Blumenarrangements gut zur Geltung, in denen seine von Natur aus sparrigen Zweige die Grundform des Gestecks bestimmen. Wenn Sie Flieder mit anderen Pflanzen kombinieren, sollten Sie darauf achten, daß sein Duft nicht von dem anderer Blüten überlagert wird. Wildblumen und nicht überzüchtet wirkende Gartenpflanzen wie die hier verwendeten Kirschblüten, Wiesenkerbel, Orangenblumen und lilienblütigen Tulpen passen sehr gut zu Flieder; großblütige Zuchtformen würden dagegen zu auffällig wirken und ihn als wichtigstes Gestaltungselement in den Hintergrund drängen. In diesem Beispiel sorgen die glänzenden grünen Blätter der Orangenblume für strukturellen und farblichen Kontrast und verleihen dem Arrangement mehr Tiefe.

RECHTS: *Die hervorstechendste Eigenschaft dieses Arrangements ist sein Duft, den es hauptsächlich dem Flieder, aber auch den Orangenblumen verdankt. Die sanften, harmonischen Farbtöne zusammen mit den – abgesehen von den Tulpen – kleinen, zarten Blüten lassen das Gesteck einheitlich und ausgewogen wirken.*

Vorbereitung des Materials

Bei einem großen Gefäß mit schmalem Hals wie dem hier verwendeten Krug kommt man gelegentlich gänzlich ohne Steckhilfe aus. Aber da Fliederstengel oft gedreht sind, sollten Sie zunächst eine Kugel aus Maschendraht in den Krug schieben – auf diese Weise bleiben die Pflanzen an ihrem Platz.

1 *Als Steckhilfe für das Arrangement den Maschendraht zu einer Kugel zusammendrücken und in den Krug schieben. Anschließend das Gefäß zu drei Vierteln mit frischem, kalten Wasser füllen.*

2 *Die Pflanzenstiele auf passende Länge zurechtschneiden – die größten Zweige sollten etwa doppelt so hoch sein wie der Krug. Sämtliche Blätter entfernen, die sich unterhalb der Wasserlinie befinden könnten, und die Stiele mit dem Hammer weichklopfen.*

Schritt-für-Schritt-Anleitung

Siehe auch: Steckhilfen (Seite 20 – 21); Die Haltbarkeit verlängern (Seite 22 – 23); Die Bedeutung natürlicher Formen (Seite 32 – 33); Struktureffekte (Seite 92 – 93); Duftende Pflanzen (Seite 110 – 111).

1 *Flieder- und Orangenblumenzweige in den Krug stellen und so arrangieren, daß eine rundliche Form entsteht; der Flieder sollte sich möglichst natürlich nach außen wölben. Diese größeren Zweige bilden den Rahmen für das restliche Pflanzenmaterial.*

2 *Mit kleineren Flieder- und Orangenblumenzweigen die Kuppelform auffüllen; dabei gelegentlich einen Zweig seitlich über den Krugrand hinausragen lassen.*

ABWANDLUNG

Bei dieser Zusammenstellung handelt es sich um eine Alternative für den Herbst in kräftigeren, dunkleren Farben, bei dem die Lilien das duftende Element bilden. Leuchtende Gold- und Rottöne sowie glänzendes Dunkelgrün lassen sich sehr gut miteinander kombinieren, während die blasseren Blüten das Arrangement ein wenig aufhellen.

3 *Den Wiesenkerbel auf der Rückseite des Arrangements anordnen und einige lange Blütenzweige der Zierkirschen dazwischenstecken. Auf diese Weise wirkt das Gesteck natürlicher und nicht zu symmetrisch.*

4 *Mit den weißen Tulpen eventuelle Lücken auffüllen. Die klar definierte Form der Tulpenblüten kann schnell zu dominant wirken, aber aufgrund ihrer Farbe verleihen diese Blüten dem Arrangement nur den letzten Schliff.*

Stark und schwer: Frühlingsmischung

PFLANZEN UND MATERIALIEN
Quadrat aus Maschendraht, Seitenlänge 45 cm
Bindedraht
Flache Schale, Durchmesser 30 cm
Kranz aus Weinranken
Frischhaltefolie
Moos
3–4 blaue Hyazinthen (*Hyacinthus*)
16 Traubenhyazinthen (*Muscari*)
1 Topf gelbe Primeln (*Primula*)
4 Zweige buntlaubiger Efeu (*Hedera helix*)
2 große Zweige Efeu (*Hedera helix* 'Arborea')
24 kleinblütige Narzissen (z. B. *Narcissus* 'Soleil d'Or')

Das Frühjahr ist die Zeit der größten Fülle duftender Blumen – vom zarten Wohlgeruch der Primeln bis hin zum schweren Aroma der Hyazinthen. Der hier vorgestellte kleine Frühlingsgarten enthält eine Mischung verschiedenster Düfte. Die Traubenhyazinthen besitzen zwar keinen eigenen, ausgeprägten Geruch, aber sie bilden das strukturelle Bindeglied zwischen den großen, zylindrisch geformten Hyazinthen und den fast flachen, offenen Blüten der Primeln. Die für dieses Gesteck ausgewählten blauen und gelben Farben sind typisch für viele Frühlingsblumen. Das Arrangement der Blumen entspricht ihrem natürlichen Wuchs im Garten, wobei die Hyazinthen und Traubenhyazinthen für die Höhenstaffelung sorgen. Ein solches Gesteck eignet sich hervorragend als attraktiver Schmuck für einen niedrigen Beistelltisch oder als Gesteck für eine Fensternische. Da Primeln dafür bekannt sind, daß sie nach dem Pflücken sehr schnell welken, wurden hier ausschließlich Topfprimeln verwendet, um die Haltbarkeit des Gestecks zu verlängern. Sie können dieses Arrangement aber auch vollständig aus Topfpflanzen anfertigen und die Töpfe mit Moos kaschieren.

RECHTS: *Die Pflanzen wurden entsprechend ihrer natürlichen Wuchsform arrangiert, so daß ein intensiv duftender, bezaubernder »Frühlingsgarten« entstand. Dabei wirkt die Verwendung verschiedener Blütenformen optisch besonders reizvoll.*

Die Steckunterlage anfertigen

Für diese Steckunterlage wurde eine flache Schale mit zusammengedrücktem Maschendraht gefüllt, mit Moos bedeckt und zum Schluß mit einem Kranz aus Weinranken umgeben. Als Alternative dazu können Sie einen breiten, flachen Weidenkorb verwenden und mit Plastikfolie auslegen.

1 Den Maschendraht zusammendrücken; an einer Seite des Drahtgeflechts Bindedraht befestigen, unter der Schale hindurchführen und auf der gegenüberliegenden Seite festknoten. Dann die Schale um 90 Grad drehen und den Vorgang wiederholen.

2 Die Schale in die Mitte des Weinrankenkranzes setzen und mit frischem, kalten Wasser füllen.

3 Die Oberfläche des Maschendrahts sowie die Seiten des Kranzes mit Moosbüscheln locker bedecken.

Schritt-für-Schritt-Anleitung

Siehe auch: Steckhilfen (Seite 20–21); Runde Arrangements (Seite 48–49); Gelb und Orange (Seite 68–69); Violett und Blau (Seite 72–73); Duftende Pflanzen (Seite 110–111).

1 Die Hyazinthen am unteren Stielende mit einem Gummiband umwickeln und in die Mitte der Steckunterlage schieben, um die Grundform des Arrangements festzulegen.

2 Danach 6 Traubenhyazinthen mit einem Gummiband zusammenfassen und neben die Hyazinthen in die Steckunterlage schieben.

3 Die Primeln aus ihren Töpfen nehmen, lose Blumenerde vorsichtig abklopfen und den Wurzelballen in Frischhaltefolie wickeln.

4 *Auf einer Seite der Schale ein Loch in den Maschendraht schneiden, um Platz für die Primeln zu schaffen. Den Maschendraht anschließend vorsichtig mit den Fingern um den Wurzelballen biegen, damit die Blüten aufrecht stehen. Dabei darauf achten, daß die anderen Elemente des Arrangements nicht beschädigt werden.*

5 *Die Triebe der beiden Efeusorten um den Rand des Weinrankenkranzes winden. Dadurch wirkt das Arrangement wie ein Miniatur-Waldgarten, in dem die Blumen direkt aus dem Boden wachsen.*

6 *Jeweils 6 Narzissen mit einem Gummiband zu einem Bund zusammenfassen. Die Gummis dürfen dabei nicht zu fest sitzen, da die Stiele sonst gequetscht werden oder gar brechen. Anschließend die Narzissenbündel gleichmäßig über das Arrangement verteilen.*

7 *Zum Schluß überprüfen, ob die Pflanzen gleichmäßig verteilt sind und das Arrangement eine rundliche Kuppelform aufweist. Die Blumen mit den längsten Stielen sollten sich in der Mitte befinden. Eventuelle Lücken mit den restlichen Blüten oder Blättern auffüllen.*

Würzig und aromatisch: Kräuterschale

PFLANZEN UND MATERIALIEN
Quadrat aus Maschendraht, Seitenlänge 30 cm
Flache Schale, Durchmesser 25 cm
8 Zweige Perlpfötchen (*Anaphalis*)
5 Zweige Salbei (*Salvia officinalis* 'Purpurascens')
8 Zweige Rundblättrige Minze (*Mentha suaveolens* 'Variegata')
6 – 7 Stengel Frauenmantel (*Alchemilla mollis*)
6 Stengel Taubnessel (*Lamium*)
6 Zweige Grüne Minze (*Mentha spicata* 'Crispii')
6 Zweige Duftpelargonien (*Pelargonium graveolens* 'Lady Plymouth')
15 Zweige Lavendel (*Lavandula angustifolia* 'Hidcote')

Diese kleine Schale enthält ein Sträußchen aus aromatischen Kräutern und einigen Blattpflanzen, die dem Arrangement zusätzliche Fülle verleihen. Für ein solches Gesteck können Sie im Grunde alle Kräuter verwenden, aber Sie sollten auf jeden Fall einige intensiv duftende Arten wie Lavendel, Duftpelargonie oder Thymian aufnehmen. Die Düfte verschiedener Kräuter besitzen teilweise bemerkenswerte therapeutische Eigenschaften: So gilt beispielsweise Lavendel als beruhigend oder Rosmarin als belebend. In jedem Fall verleiht ein duftendes Kräutergesteck einem Raum eine besonders einladende Note.

Bei der Gestaltung eines Arrangements aus Kräutern sollte die Farbpalette auf wenige Töne beschränkt bleiben; in unserem Beispiel wurden sanfte Grün-, Violett- und Rosatöne verwendet. Eine ebenso attraktive Farbzusammenstellung ergeben silberblättrige Kräuter wie Rosmarin, Beifuß, Thymian und Lavendel in Kombination mit blauen und violettfarbenen Blüten; aber auch ein grün-weißes Arrangement mit Mutterkrautblüten, weißen Rosen, Frauenmantel und grün-weiß oder grün-gelb geflecktem Blattwerk kann sehr reizvoll sein.

Als Steckunterlage für dieses Gesteck diente ein einfaches Gitter aus Maschendraht. Die Kräuter sollten nicht einzeln, sondern in kleine Büscheln in die Unterlage gesteckt werden, da das Arrangement dadurch sehr viel kompakter erscheint.

RECHTS: *Dieses Gesteck verfügt über ein süßes, würziges Grundaroma (durch Lavendel, Salbei und die Duftpelargonienblätter), das mit den leichteren, frischeren Düften der Grünen und der Rundblättrigen Minze abgerundet wurde. Kombinieren Sie niemals zu viele Düfte in einem Arrangement, da diese sich sonst in der Wirkung gegenseitig aufheben.*

Schritt-für-Schritt-Anleitung

Siehe auch: Steckhilfen (Seite 20–21); Die Haltbarkeit verlängern (Seite 22–23); Runde Arrangements (Seite 48–49); Aromatische Kräuter (Seite 112–113).

1 *Den Maschendraht über die Schale legen, um den Rand biegen (oder mit Hilfe von Bindedraht befestigen, siehe Seite 120) und die Schale mit Wasser füllen.*

2 *Die unteren Blätter des Perlpfötchens entfernen und die Stiele so kürzen, daß sie etwa 10 cm über den Rand der Schale hinausragen. Anschließend die Zweige gleichmäßig wie einen Kranz rund um den Schalenrand verteilen.*

3 *Den Salbei wie in Schritt 2 kürzen und gegebenenfalls die unteren Blätter entfernen; dann zwischen die Perlpfötchen stecken.*

4 *Die Rundblättrige Minze in drei Gruppen aus je zwei Zweigen aufteilen und diese in regelmäßigen Abständen zwischen die Perlpfötchen und den Salbei stecken.*

5 *Anschließend sechs oder sieben Frauenmantelzweige mit einem Gummiband zusammenbinden und in die Mitte des Arrangements stecken, so daß der Frauenmantel die anderen Kräuter überragt.*

ABWANDLUNG

Eine leichter und süßer duftende, aber dennoch würzige Kombination läßt sich aus Frauenmantel, Salbei und duftenden, zartrosa Rosen zusammenstellen.

6 *Die Taubnessel in zwei Gruppen mit je drei Zweigen aufteilen und in den Bereich zwischen dem Frauenmantel und dem äußeren Blätterkranz stecken.*

7 *Die Krause Minze in zwei Gruppen mit je drei Zweigen aufteilen und jedes Bündel so plazieren, daß es einen wirksamen Kontrast zu den helleren Perlpfötchenblättern bildet.*

8 *Anschließend die Lücken mit Duftpelargonienblättern füllen. Zum Schluß den Lavendel zwischen den Frauenmantelzweigen schieben und eventuelle Lücken mit Perlpfötchen auffüllen.*

Register

Danksagung

Jenny Raworth und Susan Berry möchten den folgenden Personen für ihre großartige Unterstützung bei der Herstellung dieses Buches danken:

Mike Newton, assistiert von Richard Smith, für seine hervorragenden Fotos; Art Director Roger Bristow; Kevin Williams und Carol McCleeve für den Entwurf des Buches; Sarah Hoggett und Catherine Ward für ihre Redaktion, assistiert von Deirdre Mitchell und Corinne Asghar; Herstellungsleiterin Kate MacPhee; Marketing-Assistentin Suzi Elsden; Brian Mathew für die Überprüfung der Pflanzennamen und Hilary Bird für die Erstellung des Registers.

Ein Dank geht auch an Jill und Jenny vom Broadway Flower Shop sowie an Lavenders of London, die Blumen und andere Materialien zur Verfügung gestellt haben.

Blütenpracht für drinnen und draußen

Malcolm Hillier
Blütenkränze und Girlanden
Dekorative Objekte aus frischen und getrockneten Blumen für alle Jahreszeiten und für verschiedene Gelegenheiten – mit Tips zur geeigneten Pflanzenauswahl, Werkzeugen, Materialien und den Grundtechniken des Blumensteckens.

Gerda Nissen
... und füllt mein Herz mit Freude
Aus meinem Gartentagebuch
Erlebnisse und Erfahrungen rund um den Garten mit stimmungsvollen Farbfotos – informative, unterhaltsame und nachdenkliche Reflexionen zu ganz alltäglichen Situationen im Leben eines Hobbygärtners.

Heinz Fehnker
Edle Sträuße und Arrangements
Blumenschmuck romantisch, klassisch, modern
100 anspruchsvolle Objekte, die speziell für diesen Bildband entworfen und gekonnt in Szene gesetzt wurden – Sträuße, Gestecke, Tischdekorationen und Raumschmuck für viele Gelegenheiten und jede Jahreszeit.

Christoph und Maria Köchel
Kübelpflanzen – Der Traum vom Süden
Wintergärten und Terrassen gekonnt gestaltet
Umfassendes Handbuch über die Planung von Wintergärten und Terrassen mit Gestaltungsbeispielen für Wintergärten; 150 ausführliche Porträts von Kübelpflanzen; Informationen über Herkunft und Pflegeansprüche; alles zur Überwinterung.

Margot Schubert
Wohnen mit Blumen
Der umfassende BLV Ratgeber für mehr als 500 Zimmerpflanzen
Das moderne Standardwerk – völlig neu erarbeitet: über 500 ausführliche Pflanzenporträts mit rund 540 exzellenten Farbfotos und allen wichtigen Informationen zu Herkunft, Aussehen und Pflege.

Malcolm Hillier
Pflanzenpracht in Töpfen, Kübeln, Schalen, Ampeln
Die schönsten Ideen für das ganze Jahr
Für Garten und Balkon, für Terrasse und Wintergarten: die 60 schönsten Gestaltungsideen für reizvolle Arrangements in Pflanzbehältern – mit praktischen Hinweisen zu Pflanzung und Pflege aller verwendeten Pflanzen.

Im BLV Verlag finden Sie Bücher zu folgenden Themen: Garten und Zimmerpflanzen • Wohnen und Gestalten • Natur • Heimtiere • Jagd • Angeln • Pferde und Reiten • Sport und Fitneß • Tauchen • Reise • Wandern, Alpinismus, Abenteuer • Essen und Trinken • Gesundheit und Wohlbefinden

BLV

Wenn Sie ausführliche Informationen wünschen, schreiben Sie bitte an:
BLV Verlagsgesellschaft mbH • Postfach 40 03 20 • 80703 München
Telefon 089/12705-0 • Telefax 089/12705-543